兵团哲学社会科

沙海老兵系列丛书

老兵精神研究

辛 敏 李书群 杨方中 肖炳林 著

新疆生产建设兵团出版社

图书在版编目（CIP）数据

老兵精神研究 / 辛敏等著 . -- 五家渠：新疆生产建设兵团出版社，2021.12（2024.4重印）

（沙海老兵系列丛书）

ISBN 978-7-5574-1732-1

Ⅰ. ①老… Ⅱ. ①辛… Ⅲ. ①民族精神—研究—中国 Ⅳ. ①C955.2

中国版本图书馆CIP数据核字（2021）第273229号

老兵精神研究

出版发行	新疆生产建设兵团出版社
地　　址	新疆五家渠市迎宾路619号
邮　　编	831300
电　　话	0994-5677185
发　　行	0994-5677116
传　　真	0994-5677519
印　　刷	永清县晔盛亚胶印有限公司
开　　本	16开
印　　张	11.25
字　　数	110千字
版　　次	2021年12月第1版
印　　次	2024年4月第3次印刷
书　　号	ISBN 978-7-5574-1732-1
定　　价	45.00元

《沙海老兵系列丛书——老兵精神研究》
编委会

主　任：李晋阳

副主任：杨方中

委　员：肖炳林　李新萍　杨丽云　祁喜花

序 言

赵建东

看着厚厚的两本关于沙海老兵书籍的初稿，一本是《老兵精神研究》，一本是《沙海老兵口述史》，我兴奋异常，一口气读完，意犹未尽，再读。虽然我对沙海老兵这个群体非常了解，但是对老兵精神实质、内涵以及时代价值和意义缺乏更深入地了解和研究，读了这两本关于沙海老兵的书，我释然了。感谢第十四师党委党校的同志们，他们用了3年时间，通过深入走访、采访、查阅资料、调查研究，用大量的史料把老兵精神分析得十分到位，归纳得十分详细，总结得十分深刻，阐释得十分清楚，是广大党员干部学习党史、屯垦戍边史，赓续红色血脉、传承红色基因、弘扬优良传统不可多得的生动教材。

新疆和平解放不久，为粉碎敌对残余势力在和田发动武装叛乱的阴谋，中国人民解放军二军五师十五团1803名官兵于1949年12月5日，从阿克苏出发，历时18天，行程1580里，徒步穿越了被称为"死亡之海"的塔克拉玛干大沙漠，平息叛乱，解放和田，创造了人类历史上一大壮举。此后，按照中央的命令，该团部分老兵集体转业，改编为四十七团，他们坚守本色，爱岗敬业、辛勤工作，扎根新疆、扎根和田、屯垦戍边，用忠诚、奉献、坚守和担当，以青春、汗水、热血和生命铸就了"扎根新疆、热爱新疆、屯垦戍边"为主要内涵的老兵精神。

老兵精神源于革命战争年代，产生于解放新疆和建设边疆、保卫边疆的革命实践中，有着深厚的文化渊源和社会实践基础。老兵精神的形成，是几代十四师人对兵团屯垦戍边事业艰辛探索的思想结晶，记录了十四师人在面对恶劣的自然环境和复杂的社会形势下，坚决维护祖国统一、边防巩固、民族团结和新疆稳定，展现出不畏艰难、勇往直前、艰苦奋斗、顽强拼搏的大无畏英雄气概。它的孕育带有中国近代新疆特殊区情和社会状况的烙印，它的产生同革命战争时期的思想、文化有着深厚的历史渊源，是中国革命精神的传承和发扬，是军垦战士顽强意志力与极端恶劣自然环境抗争较量的精神升华，是在艰苦卓绝的南疆维稳戍边实践中催生的特殊精神力量。

而《沙海老兵口述史》，则是老兵精神的有力佐证。通过第一代沙海老兵的回忆，老兵遗孀和老兵二代、三代的讲述，再现了那段波澜壮阔的历史和激情燃烧的岁月，体现了一道命令执行一生的忠诚，祖国哪里需要就在哪里安家的坚守，誓把沙漠变绿洲、戈壁变良田的奉献，愿意吃下所有的苦只为祖国边疆安宁的担当和革命文化红色血脉代代相传的接力。《沙海老兵口述史》是《老兵精神研

序 言

究》的基础和支撑，口述史的质朴，让老兵精神凸显伟大，口述史的真实，让老兵精神更加丰满。

"兵出南泥湾，威猛不可当，身经千百战，高歌进新疆。新疆举义旗，心倾共产党。干戈化玉帛，玉帛若金汤。各族好父老，喜泪湿衣裳，争看子弟兵，建设新故乡……"这首张仲瀚的《老兵歌》，热情讴歌了在新疆屯垦戍边的老兵，而解放和田屯垦在昆仑山的老兵，则是张仲瀚最亲、也是走得最远，环境和条件最为艰苦的一支部队，他们在和田这块广袤的土地上献了青春献终身、献了终身献子孙，才形成了弥足珍贵，让习近平总书记都十分感动的老兵精神。

中国的历史是一部英雄辈出的历史，新中国的屯垦戍边史，因为有了沙海老兵这个群体而熠熠生辉。"扎根新疆、热爱新疆、屯垦戍边"的老兵精神是和井冈山精神、南泥湾精神、兵团精神一脉相承又与时俱进的。《老兵精神研究》和《沙海老兵口述史》的出版发行，必将成为一道光，穿越历史的时空，照亮我们每个人前行的道路。

老兵精神，大漠军魂。魂如胡杨，千年不死。神如胡杨，万年不朽！

赵建东，男，汉族，现任新疆生产建设兵团委员会党校常务副校长、兵团行政学院常务副院长。1962年1月生，河南登封人，1980年10月参加工作，1984年12月入党，中央民族大学在职研究生学历，高级政工师职称，一级高级法官。

目 录

序 言 ……………………………………………………………1

第一章 老兵精神的形成 ……………………………………1
  第一节 老兵精神形成的思想文化渊源 ……………………4
  第二节 老兵精神形成的社会历史条件 ……………………22

第二章 老兵精神的科学内涵 ………………………………45
  第一节 老兵精神的提出 ……………………………………47
  第二节 老兵精神的深刻内涵 ………………………………52
  第三节 老兵精神的实践体现 ………………………………76

第三章 老兵精神的时代价值 ………………………………87
  第一节 老兵精神是兵团人开展"不忘初心、牢记使命"
        教育的生动教材 ……………………………………89
  第二节 老兵精神是完整准确贯彻新时代党的治疆方略，
        实现新疆工作总目标的精神支撑 …………………95

第三节 老兵精神是履行兵团职责使命，
　　　　推动各项事业发展的力量源泉……………97

第四章 新时代大力弘扬老兵精神……………………101
　第一节 老兵精神是党史学习的重要内容…………103
　第二节 创新弘扬传承老兵精神的方式方法…………106
　第三节 弘扬传承老兵精神的途径………………………110

附录：老兵精神形成和发展大事记……………………123

后　记……………………………………………………170

第一章
老兵精神的形成

第一章 老兵精神的形成

1949年12月，解放军二军五师十五团官兵徒步穿越塔克拉玛干沙漠，平息叛乱，解放和田。之后扎根边疆，坚守大漠，垦荒造田，发展经济，维护稳定。他们秉持革命军队的优良传统和精神风貌，始终把祖国和人民的利益放在首位，为了人民的解放和幸福，为了祖国边疆的安宁苦战奋斗，用青春、热血和生命书写了一部悲壮而雄伟的屯垦戍边史。为南疆和田的稳定发展作出卓越贡献，同时也铸就了"扎根新疆、热爱新疆、屯垦戍边"的老兵精神。在几十年艰苦卓绝的屯垦戍边实践中孕育形成的老兵精神是井冈山精神、长征精神、南泥湾精神的传承，是兵团精神的具体体现、为兵团精神丰富发展提供了养料，是兵团事业发展宝贵的精神财富，是激励我们不断奋斗的强大精神动力。

老兵精神源于革命战争年代，产生于解放新疆和建设边疆、保卫边疆的革命实践中，有着深厚的思想文化渊源和社会实践基础。老兵精神的形成，是几代十四师人对兵团屯垦戍边事业艰辛探索的思想结晶，记录了他们面对恶劣的自然环境和复杂的新疆社会形势，坚决完成解放新疆、巩固边防及实现祖国统一、民族团结和新疆稳定的历史任务，展现出的不畏艰险、勇往直前、艰苦奋斗、顽强拼搏的大无畏英雄气概。它的孕育带有中国近代新疆特殊区情和社会状况的烙印，它的产生同革命战争时期的思想、文化有着很深的历史渊源，是中国革命精神的继承和发扬，是军垦战士顽强意志力与极端恶劣自然环境抗争较量的精神升华，是在艰苦卓绝的南疆维稳戍边实践中催生的特殊精神力量。

第一节 老兵精神形成的思想文化渊源

任何精神形态的出现，都有一定的实践基础和历史条件。都是特定时代的产物，是特定的文化背景和历史传统影响下的产物。马克思曾指出，人们创造自己的历史和文化，并不是简单的"随心所欲地创造"，而是在"他们自己选定的条件下创造"，在"直接碰到的、既定的、从过去继承下来的条件下"进行创造，在这一过程中"一切已死的先辈们的传统"都会影响着人们。[①]由此可看出，精神文化的创造和生成并非无源之水、无根之木，而是承接并扎根在历史之中。某种精神现象的产生必然扎根于本民族的传统精神与文化，并吸收和借鉴时代精神的精华，在长期的实践过程中孕育形成。[②]老兵精神作为兵团干部职工共同的思想认识、价值观念和行为准则，其产生的重要思想理论渊源是中华民族精神、革命军队精神和党的屯垦戍边思想。

---

① 马克思、恩格斯著：《马克思恩格斯选集》第1卷，人民出版社1995年版，585页。
② 李国俊、宋玉玲主编：《大庆精神》，中共党史出版社2018年版，第4页。

第一章 老兵精神的形成

一、中华民族精神的哺育

中华民族拥有着悠久历史和文化传统。经过几千年的发展，我们的祖先创造了辉煌灿烂的物质文明和精神文明，这些优秀的民族精神、民族文化在成长、发展、完善等过程中成为了中华民族的文化传统，成为了我们民族的基因和血脉。在漫长曲折的历史长河中，中华民族形成了以爱国主义为核心，团结统一、爱好和平、勤劳勇敢、自强不息的伟大民族精神。它使中华民族不仅创造了辉煌的文明，并生生不息，展示出强大的生命力。这是每个炎黄子孙充满信心和力量的源泉，是中华民族在历史上所展示的充满活力的思想、高尚品质和坚定的意志。[1]这些优秀品质在军垦战士屯垦戍边的进程中进一步传承发展，构成了老兵精神形成的深厚文化土壤。

（一）老兵精神是爱国主义传统的升华

中华民族的爱国主义根植于祖国的大好河山和悠久辉煌的历史血脉中，是中华民族精神的灵魂和核心。五千多年的中华史，在民族精神的深处，始终萦绕着爱国主义的主旋律。爱国主义随着时代的变化，形式和内容会有所不同，但它始终是中华民族最深厚的感情，是中华文化和中华文明一脉相承不断发展的精神支柱。爱国主义也深深地影响了每个军垦战士，是生成老兵精神的最直接的精神源泉。面对外族的入侵，奋起抵抗是爱国；长期工作生活在艰苦边

---

[1]李单晶：《长征精神及其当代价值研究》，电子科技大学博士学位论文，2017年。

疆，历经各种艰难困苦，默默无闻地建设边疆和为国家守卫疆土，也是一种爱国。沙海老兵用自己几十年建设边疆、保卫边疆的实践，把爱国主义的内容具体化了，他们的实践就是新时期爱国主义的最好诠释。

（二）老兵精神是对团结统一、勤劳勇敢光荣传统的继承

团结统一是中华民族的立国之本，是维护国家统一和民族团结的纽带，是中华民族的光荣传统和共同的民族心理。中华民族天生具有强烈的民族认同感，具有强烈的凝聚力，这种凝聚力成为中华民族传承千年的精神动力。爱好和平是中华民族的民族天性。中华民族历来是与人为善、和睦相处的。而团结统一在中华民族的成长与存续中始终占据着重要地位，它是几千年来中华民族生生不息、具有强大凝聚力的关键所在。

勤劳勇敢是中华民族在艰苦的自然条件和严酷的社会斗争中锻炼和培育的一种不屈不挠的精神。在长期的改造自然和改造社会的斗争中，我们的祖先不仅用勤劳的双手创造了震惊世界的古代文明，也铸就了中华民族不畏艰难，百折不挠、顽强拼搏、勤劳勇敢的优秀品质。这种勤劳勇敢、不惧强御的传统使军垦战士们在南疆屯垦戍边实践中表现出顽强拼搏、不怕牺牲的大无畏英雄主义。

（三）老兵精神是对艰苦奋斗、自强不息品质的弘扬

在几千年的历史中，中华民族正是依靠着自强不息的奋斗，在历史的狂风暴雨中不仅没有沉没，反而一直屹立于世界的东方，数

千年来岿然不倒。中华民族在近代史上虽然屡遭外国列强的欺凌和蹂躏，但没有一蹶不振，主要就是中华民族本着艰苦奋斗和自强不息的精神，坚持不懈地为中华民族的伟大复兴而奋斗。中国共产党从成立的那一天起，就以民族的解放、国家的富强和人民的幸福为己任，始终没有因困难而退缩而踯躅不前。它领导中国人民进行了艰苦的斗争，最终赢得新民主主义革命的胜利。在这其中，艰苦奋斗、自强不息为老兵精神的生成提供了有益的滋养。

这些优秀的中华民族精神和文化底蕴，滋养培育了中国共产党的革命精神，也成为老兵精神的重要来源，是老兵精神形成的文化基础。

二、人民革命军队精神的传承和发扬

老兵们所在的四十七团，其前身是一支久经革命战争锤炼、具有光荣革命传统的英雄部队。该部队组建于1928年12月（井冈山时期），是任弼时、萧克、王震领导的中国工农红军第六军团主力，曾参加过秋收起义、黄麻起义、五次反"围剿"和二万五千里长征。抗日战争中整编为八路军一二〇师三五九旅七一九团，参加过百团大战、保卫陕甘宁边区等战役。被晋察冀边区政府授予"百战百胜的铁军"称号，被中共中央军委授予"模范党军"称号。此后，又在南泥湾大生产中被誉为"发展经济的先锋"。后完成"南下北返"（被称为"我军历史上的第二次长征"）、"中原突围"等作战任务。解放战争中参加过保卫延安、解放大西北等多次著名战役。1949年

2月，改编为第一野战军第一兵团第二军五师十五团，在西北战场上屡建奇功。紧接着主动请缨，沿着古丝绸之路一路西进，到达"祖国最需要的地方"，进军和田，促进了新疆的和平解放。并迅速进行建党建政、发展生产、修筑公路等工作。部队官兵继续发扬在革命烽火中不断锤炼而逐渐融入血液的井冈山精神、长征精神、南泥湾精神，投身伟大的屯垦戍边实践。王震在1980年4月全国农垦局长会议上指出："当时整个部队转业，他们满怀着建设边疆、保卫边疆的高度热情，刚评的军衔也不要了……那些同志当时执行党中央的正确路线，开荒建场时就继承了过去革命战争时期英勇善战、艰苦奋斗的精神。"十五团全体指战员正是继承和发扬了红军爬雪山、过草地和三五九旅南下北返征战两万里的革命精神，将革命军队精神同建设和田、屯垦戍边现实需要相结合，不怕牺牲，不怕困难，以大无畏的英雄气概，战胜一切艰难险阻，始终坚守在党所指定的保卫边疆、建设边疆的神圣岗位上，历尽艰辛，坚决执行屯垦戍边的伟大历史任务。在忠诚履行屯垦戍边使命的同时形成了具有鲜明时代特征的老兵精神。老兵精神是对党忠诚、全心全意为人民服务及"一不怕苦，二不怕死"等党的革命军队精神的直接哺育下孕育发展而成的。它是新的历史条件下，中国革命军队精神的发展和升华。①

---

① 李建强主编：《西柏坡精神》，中共党史出版社2016年版。

第一章 老兵精神的形成

（一）对党忠诚的政治品质

党的革命军队精神的内核就是对党忠诚，听党指挥。沙海老兵们所在的部队是中国共产党缔造和领导的人民军队，从创建的那一天起，就在中国共产党的绝对领导下，进行着不屈不挠的革命斗争和建设实践，建立了卓越历史功勋。其取得辉煌战绩的法宝之一就是继承和发扬革命军队的优良传统，始终坚持党对军队的绝对领导。坚决贯彻党的路线、方针和政策，执行党的决议，并积极、出色地完成党赋予的各项任务。始终听从党和人民的召唤，做到哪里需要就到哪里去。这支部队始终把思想政治建设放在首位，不断对战士加强马克思列宁主义、毛泽东思想教育，革命人生观教育，全心全意为人民服务教育，革命英雄主义教育，党的路线、方针、政策教育，遵守纪律教育，艰苦奋斗教育等。使全团上下始终保持正确的政治方向，饱满的政治热情和所向无敌的战斗精神。让每位战士建立对党的深情敬仰和无比忠诚，做党的忠诚战士。做到始终能以坚定的政治立场为国为民，每每危难之时显身手。如坚守井冈山、率先西征先遣、长征后卫并与张国焘做斗争、延安卫戍、南下北返、保卫延安和到祖国最需要的边疆建功立业，为边疆各族人民办好事实事，就地转业屯垦戍边等。党对军队绝对领导的观念深深地影响着一代代的革命战士，锻造了一支具有服从命令、听从指挥过硬作风的铁军，这也是生成老兵精神的最直接的精神源泉。

（二）全心全意为人民服务的精神

全心全意为人民服务，是人民军队的根本宗旨。沙海老兵所在的三五九旅在王震将军的领导下，始终深深扎根于人民之中，从人民群众中不断吸取最深厚的战争伟力，自觉为着人民的利益而不懈奋斗。这一根本宗旨一直流淌在这支劲旅的血脉之中，成为不断从胜利走向胜利的力量源泉。

人民解放军进疆之初，毛泽东主席就明确指示，"你们到新疆去的任务，是为各族人民多办好事"，这是人民军队服务人民的根本宗旨在新疆的具体体现。十五团广大指战员坚持人民军队服务人民这一根本宗旨，始终把人民的利益看得高于一切，一切服从人民利益，一切为了人民利益，得到了人民群众的拥护和支持。他们进疆后，自觉地执行党的民族政策和宗教政策，尊重少数民族的风俗习惯，严格遵守"三大纪律八项注意"，认真做好群众工作，热爱各族人民，为各族人民办好事、谋幸福。每到一地，部队官兵主动为群众挑水、打柴、治病、扫院子。宁愿露宿野外街头，也不进民房。部队以自己的模范行动，赢得了各族群众的衷心拥护和爱戴，得到各族群众的大力支持。部队从阿克苏出发向和田进军时，当地群众为部队准备了十几万斤大米、面粉和马料，100顶帐篷，300多峰骆驼和200多匹马匹、驴，有经验的老猎人和商贩都争先报名给部队带路当向导。和田群众赶着450头毛驴、88匹马、11峰骆驼，前来迎接。部队到达和田当天，古老的和田城万众欢腾，各族男女老少都涌到街头来欢迎解放军。

部队进驻和田后，坚决执行毛泽东主席"到新疆要为各族人民多办好事"的指示，发扬人民解放军既是战斗队又是生产队和工作队的光荣传统，一面剿匪平叛、维护社会稳定，帮助地方建党建政，巩固新生的人民政权；一面开荒、引水、建厂、采矿，从事生产建设，减轻当地各族人民的负担，极大地促进了当地的社会稳定和民族团结。

部队集体转业后，继承发扬人民军队爱人民的光荣传统，在屯垦戍边实践中大力促进民族团结和兵地团结，依靠和田各族人民，帮助各族群众发展经济、文化、社会事业，积极主动地为和田人民办好事，为各民族群众的利益不惜奉献自己的一切，团结各族群众共同进步，得到各族人民热烈拥护。形成老兵精神忠诚为民、无私奉献的品格。

（三）南泥湾精神

南泥湾精神是我们党在延安时期，为了克服生活物资极度匮乏的状况，响应毛泽东主席"自己动手，丰衣足食"的号召，在延安大生产运动中体现出来的，以八路军一二〇师三五九旅南泥湾屯田为代表的，人民军队自力更生、艰苦创业、同心同德、团结奋斗的精神面貌和作风。南泥湾精神是我们党在第一次明确组织开展的屯垦事业中产生的精神成果。在这一精神成果的推动下，南泥湾屯田取得了巨大成就，是党的屯垦事业中的一座历史丰碑，也极大地激励了后来的屯垦事业。

三五九旅在南泥湾不仅创造了丰富的物质财富，而且创造了巨大的精神财富。在生产中创造出：一手成边，一手生产，农忙生产，农闲练兵，劳武结合，军民兼顾。领导生产不指手画脚，而是动手动脚；以农为主，兼顾工业，办合作社企业，盈利分红，公私两利等。这些经验后来不仅在建设和发展新疆生产建设兵团中广为应用，至今仍有指导意义。同时，三五九旅是南泥湾精神最有代表性的实践主体，南泥湾精神就是三五九旅创造的，后来在整个陕甘宁边区得到了大力推广和弘扬。这支部队全体官兵焕发出来的"自力更生、艰苦创业、同心同德、团结奋斗"的南泥湾精神，是永放光彩的精神财富。

经过三年南泥湾大生产的三五九旅，后经改编，1949年参加了解放大西北的系列战役。部队进军新疆后，面对粮草供应极其困难等现实情况，深入开展人民解放军"三大任务"的教育，说明艰苦奋斗、劳动生产是我军的光荣传统，无论什么时候都不能丢。特别是地处新疆这个人烟稀少、劳力缺乏的少数民族地区，很多荒地没有开发，为了保障部队供应和帮助边疆人民发展生产，积极发展部队农副业生产是十分必要的。[①]于是，部队从事生产的积极性大为提高。十五团（原三五九旅七一九团）的全体指战员进驻和田后，继续坚持和发扬南泥湾精神，将南泥湾精神作为部队主导性的精神风貌，极大地鼓舞了他们克服困难、发展生产的信心和劳动热情。部队征尘未洗，便一面剿匪反霸帮助各族人民建立地方政权，一面

[①] 王崇久、王瀚林：《兵团精神》，新疆生产建设兵团出版社2014年版，第5页。

第一章　老兵精神的形成

披荆斩棘，向戈壁沙漠进军，开展轰轰烈烈的大生产运动。遵照"不与民争利"的原则，部队官兵在南疆的亘古荒原，冒着严寒酷暑，风餐露宿，开荒造田，挖渠筑路，掀起大生产热潮。当时由于财政困难，半年多未发经费，广大指战员节衣缩食，生活异常艰苦。1950年全团开垦出2.3万亩地，播种2.2万多亩。为解决新开垦土地的灌溉问题，在野猪窝（今和田县包格孜库勒乡）开挖引水大渠。抽调三营全部，二营的五连、机枪连、炮兵连共700多人，在戈壁滩上风餐露宿，苦战2个多月，挖成了27公里长的大渠。到1952年，全团在和田、墨玉、皮山、洛浦、于田等县共开垦荒地4.5万多亩，为国家生产出大量的棉花、小麦、玉米、水稻和豆类、瓜菜等，既满足了自身的需要，又支援了国家，减轻了当地各民族人民的负担，极大地促进了当地的社会稳定和民族团结。1954年部队整编，十五团将其中的3.4万亩良田无偿捐献给了当地政府和农民。之后，十五团官兵响应党的号召，就地转业，继续发扬"自己动手，丰衣足食"的南泥湾精神，争分夺秒、艰苦奋斗，白手起家、自力更生，各项事业从无到有，从小到大，建立起和田地区第一个国营农场，为和田各族人民起到了应有的示范作用。同时勇敢地担负起了党和人民赋予的保卫边疆的伟大而光荣的历史使命。1984年陶峙岳将军回忆说："更重要的是老部队（指王震率领进疆的一兵团二、六军）把南泥湾革命精神带进新疆，成为起义部队学习的好榜样。"兵团恢复后王恩茂多次指出："30多年来新疆生产建设兵团发扬了南泥湾精神，屯垦戍边，艰苦奋斗，克服了重重困难，在建设边疆、保卫边疆的斗争中作出了巨大的成绩。"①南泥湾精神是构成老兵精神的历史起点和现实基础，直接推动了一代代十四师人在和田的屯垦戍边实践，赋予了兵团人从容面对和田异常艰苦而复杂的社会环境的良好精神风貌。

（四）"一不怕苦，二不怕死"的革命精神

习近平总书记在庆祝中国人民解放军建军90周年大会上的讲话中指出，人民军队从胜利走向胜利，彰显了战斗精神的伟大力量。敢于斗争、敢于胜利，一不怕苦、二不怕死，是人民军队血性胆魄的生动写照。三五九旅作为人民军队的一支劲旅，也同样具备这种精神。这支部队在21年的革命硝烟的淬炼中练就了打不散拖不垮的过硬作风。在抗日战争中，三五九旅武器装备简陋、经费短缺，在敌后战场既要同武器精良的日本帝国主义军队作战，又要与国民党顽固派军队的武装挑衅和经济封锁作斗争。完成这样极其艰苦、困难、复杂、残酷的斗争任务，靠的就是"一不怕苦，二不怕死"的革命精神。通过部队长期的思想教育和革命战争的千锤百炼，三五九旅培养出了一支政治思想坚定、独立工作能力强、作风过硬、以身作则、吃苦耐劳的干部战士队伍。这支队伍影响了一批批革命战士，为艰苦奋斗、无私奉献的老兵精神的生成提供了有益的滋养。

---

①兵团精神课题研究组：《兵团精神的丰富内涵》，载《兵团日报》，2017.2.27，第6版。

三、党的屯垦戍边思想的理论指导

我国历朝历代都把屯垦戍边作为治理边疆的重要国策。2014年习近平在视察新疆时曾指出:"历史上,从秦始皇时代后的各个朝代都把屯垦戍边当作开发边疆、巩固边防的重要举措。新疆地区的屯垦活动,从汉武帝开始,已经有2000多年的历史。"[①] 和田地区的屯垦始于汉朝,东汉建初五年(80),东汉王朝以徐幹为假司马,至于田屯田,掀开了和田地区历史上屯田的第一页。后在唐、元、清三个朝代有所发展。新中国成立后,屯垦戍边事业掀开了新的篇章。

中国共产党在领导中国革命、建设及改革开放的实践中,以党的基本理论为指导,根据不同历史时期的形势和党的中心任务,创立并不断发展完善了党的屯垦戍边思想。在党的屯垦戍边思想指导下,党在各个时期的屯垦实践都创造了辉煌的业绩,对开发边疆、增进民族团结、维护边疆稳定、巩固边防发挥了重要作用。[②]

1949年10月12日,王震率中国人民解放军第一兵团二、六军进疆。和平解放后的新疆面临一系列的问题,但尽快解决以吃穿为主的财政经济困难是一个迫在眉睫的问题。12月28日,彭德怀在向党中央、毛泽东主席汇报新疆情况时说,现新疆部队及地方行政人员有24万多人,本身财政只能解决30%左右,70%以上须靠中央帮

[①] 马林、马峻:《习近平总书记考察兵团纪实》,载《兵团日报》,2014年5月8日。
[②] 赵柳成:《中国共产党屯垦思想的历史考察》,载《兵团党校学报》2011年第4期·总第131期。

助，同时新疆内外贸易不通，经济异常萧条，市场日用品特别缺乏，粮食供应紧张。因此，如何解决驻疆军队和行政人员的吃穿问题首先摆在了中国共产党人的面前。1949年12月25日，毛泽东主席签发《军委关于一九五〇年军队参加生产建设工作的指示》，明确地提出了人民解放军在新中国成立后必须参加生产的问题。根据中央精神，1950年1月，王震在新疆财经委员会上作《关于新疆军队生产建设工作的方针与任务》时指出："驻疆部队一面守卫祖国边防，警卫新疆全境，肃清土匪特务，严防间谍和反革命分子的阴谋破坏；一方面从事生产建设，克服财政困难，减轻国家和人民负担，改善部队生活。为此，首先要发展农业生产，依靠全体官兵，用自己的双手，开垦土地，就地取得生活资料。"[①]军队的大规模生产运动，不仅解决了20多万人吃穿的燃眉之急，也对稳定新疆经济、减轻各族人民的负担发挥了重要作用。但怎样让这支部队扎根边疆，长期为新疆的经济建设和巩固边疆服务，就成为当时的党中央和新疆军区所考虑的一个重要问题。1951年2月，王震在六军党代会上作报告时说："彭德怀同志要求我们'建国立家'，为了实现这个目标，我们远戍边疆的国防军就必须肩负武器，手持（生产）工具，为保卫祖国的繁荣昌盛而永远驻扎下来。因此就不能不转为劳动军状态。"

[①] 王小平：《中国共产党的屯垦戍边政策与新疆兵团》，载《兵团党校学报》2008年第2期·总第111期。

第一章　老兵精神的形成

1951年12月，王震在给毛泽东主席的报告中提出："军队除担负警备任务外，集中屯垦，经营大农场。""根据驻新疆军队执行屯垦任务与李富春关于培养生产技术干部的指示"，新疆部队将建立农学院和工业学校，以培训生产技术干部。随后，毛泽东在给王震的批复中充分肯定了新疆军区的做法。这反映出当时党中央在要求驻疆军队要准备长期在新疆执行屯垦戍边任务的基础上，对具体采取什么样的组织形式来履行屯垦戍边的使命已有一个初步的设想。

1952年2月，毛泽东主席向驻疆10万将士发布"军队转业令"，指出人民解放军不仅是"久经锻炼的有高度组织性纪律性的战斗队"，同时也将是生产建设的战线上"拿起生产建设的武器。当祖国有事需要召唤你们的时候，我将命令你们重新拿起战斗的武器，捍卫祖国"。正是这道富有激情和诗意的命令，使大批生产建设部队在亘古荒原戈壁掀起了屯垦戍边的高潮。

在党中央屯垦戍边的战略决策下，20世纪50—60年代，老兵们所在的四十七团紧紧抓住发展这条主线，通过自身的艰苦奋斗，不懈努力，各项事业从无到有，由小变大，迅速发展成为促进和田经济建设和社会稳定的重要力量。他们的辛勤努力得到了上级领导部门的充分肯定。1960年，昆仑农场（四十七团前身）荣获中央农垦部奖状，同年荣获自治区地方国营农场"红旗农场"光荣称号。1965年6月2日，时任自治区党委书记王恩茂、自治区主席赛福鼎、兵团政委张仲瀚、副司令员丁盛，和田地委书记、行署专员等领导来场（当时称新疆军区生产建设兵团农业建设第一师第四管理处昆仑农场）检查指导工作，对农场建设提出指导意见。这些成绩的取得和领导的关注极大地调动了农垦战士的积极性和主动性，为他们继续坚定屯垦戍边的决心和信心起到重要激励作用。

"文化大革命"爆发后，兵团的事业遭到严重破坏，四十七团的各项事业也严重受挫，农林业生产停滞，经济损失较大。1975年3月，中央决定撤销兵团，成立新疆农垦总局，统一管理新疆的农垦事业，并要求农垦职工"继续发扬南泥湾精神，自力更生，艰苦奋斗，勤俭节约，为建设边疆、保卫边疆作出更大的贡献"。但兵团撤销后因原有的一套完整的体制被打乱，使其建设边疆、保卫边疆的屯垦戍边能力大打折扣，不利于新疆的发展和稳定，特别是在全党的工作重心转移到以经济建设为中心上来后，撤销兵团的弊端更为明显地凸显出来。

党的十一届三中全会召开后，随着党和国家的工作中心的转移，加快新疆发展的任务进一步提上了议事日程。同时，新疆的区情和地理位置特殊，外有1979年苏联入侵阿富汗带来的周边国际形势的变化，内有民族分裂主义分子和宗教极端势力的分裂破坏活动，使得新疆的稳定与发展面临严峻的挑战。在这种情况下，为有效维护新疆稳定和促进新疆发展，1981年，党中央指派王震照管新疆工作。为此，王震先后于1981年的1月、2月、5月连续三次到新疆考察与指导工作。6月30日，王震给邓小平写信建议恢复兵团。1981

第一章 老兵精神的形成

年7月1日,邓小平在王震建议恢复兵团的信上批示:"请王震同志牵头,约集有关部门领导同志,对恢复生产兵团的必要性,做一系统的报告,并为中央拟一决议,以凭决定。"[1]8月,邓小平偕王震、王任重等人到新疆视察工作,实地了解新疆稳定和发展的情况。在此基础上,邓小平发表了一系列有关恢复兵团和加强兵团工作的讲话,他不仅明确提出:"兵团事业要大发展,兵团肩负着屯垦戍边的重任,要为新疆的稳定和发展作出新的贡献。""新疆生产建设兵团,就是现在的农垦部队,是稳定新疆的核心,生产建设兵团恢复起来确有必要。"而且,结合新疆的实际,在全国进行改革,探索党政分开、政企分开的大环境下,明确指出兵团的"组织形式与军垦农场不同,任务还是党政军"。9月22日,国家农委党组和新疆维吾尔自治区党委给中央写了《关于恢复新疆生产建设兵团的报告》,建议恢复兵团体制。报告认为:从战略角度考虑,恢复新疆兵团有三大好处,一是有利于巩固国防,二是有利于加快新疆发展,三是有利于加强民族团结。1981年12月3日,中共中央、国务院、中央军委联合作出了《关于恢复新疆生产建设兵团的决定》。《决定》指出:"生产兵团屯垦戍边,发展农垦事业,对于发展自治区各民族的经济、文化建设、防御霸权主义侵略,保卫祖国边疆,有着十分重要的意义。兵团要实行企业管理,积极推行经济责任制,整顿和发展各项

---

[1] 赵柳成:《中国共产党屯垦思想的历史考察》,载《兵团党校学报》2011年第4期·总第131期。

生产事业，办好社会主义大农业，实行农林牧副渔综合经营，发展农工商联合企业，大力兴修水利、灌溉和水力发电，大力植树造林，不断提高森林覆盖率，继续搞好农业机械化，提高经济效益，同时要加强民兵武装值班连队的军事建设，搞好边防。"①1982年4月，和田地区农垦局归属兵团建制，称兵团和田农场管理局，四十七团亦随之重新归兵团建制。

在新时期，党中央高度关注兵团的发展。江泽民、胡锦涛等中央领导先后视察兵团，并就兵团工作提出重要指导意见。1990年8月，江泽民同志在视察石河子时指出："毛主席曾经要求新疆生产建设兵团既是生产队，又是工作队和战斗队。后来，正如王恩茂同志所介绍的，大家把生产建设兵团的作用，归纳为四个方面：一是生产建设的作用；二是保卫边防的作用；三是维护社会安定的作用；四是促进民族团结的作用。三个队也好，四个作用也好，都说明了生产建设兵团在新疆的社会主义建设中是一支很重要的力量。"江泽民还从治理新疆的历史经验出发，指出历代中央政府都把实行屯垦戍边作为开发新疆、巩固国防的一项重要国策。特别强调指出，在我国改革开放顺利向前发展的过程中，我们必须清醒地看到国外敌对势力对我们进行渗透、颠覆和分裂的图谋并没有改变，我们的形势越好，敌对势力就越会加紧破坏活动。在新疆的这场渗透与反渗

---

①新疆生产建设兵团史志编纂委员会：《新疆生产建设兵团发展史》，新疆生产建设兵团出版社2011年版，第266页。

第一章 老兵精神的形成

透、颠覆与反颠覆、分裂与反分裂的斗争中，兵团的存在和发展具有其他任何组织形式都难以替代的作用。在新的历史条件下加强兵团就具有独特的意义和作用，各地区、各部门一定要从国家的大局来理解和认识加强兵团工作的重要性。

1998年7月，江泽民在考察兵团工作时再次指出："加强兵团工作，特别是支持兵团在改革开放和发展社会主义市场经济的形势下发展壮大，是中央从治国安邦的长远策略的角度考虑作出的一个重大战略部署，也是中央更好维护祖国统一、加快新疆开发建设步伐而采取的一项重大举措。对于兵团在新疆所起的作用，江泽民明确提出要把兵团的屯垦戍边事业放到边疆的历史长河中，放到当前国内外形势的发展变化中，放到新疆稳定和发展的大局中加以考察。当然，为了适应形势变化的需要，更好地发挥出兵团在稳定和发展新疆中的作用，江泽民明确要求兵团要紧紧抓住经济建设这个中心，不断增强屯垦戍边实力。"[①]

2006年9月，胡锦涛在视察新疆时，进一步提出：新形势新任务对兵团工作提出了新的要求，兵团的同志要认清形势，牢记使命，扎实工作，开拓进取，更好地发挥推动改革发展、促进社会进步的建设大军作用，更好地发挥增进民族团结、确保社会稳定的中流砥柱作用，更好地发挥巩固西北边防、维护祖国统一的铜墙铁壁作用。

[①] 王小平：《中国共产党的屯垦戍边政策与新疆兵团》，载《兵团党校学报》2008年第2期·总第111期。

习近平总书记在2014年视察新疆时指出，兵团的存在和发展绝非权宜之举，而是长远大计，新形势下，兵团工作只能加强，不能削弱，做好新疆工作，必须把兵团工作摆在重要位置，在事关根本、基础、长远的问题上发力。党中央将一如既往支持兵团发展壮大，支持兵团发挥好特殊作用，使兵团真正成为安边固疆的稳定器，凝聚各族群众的大熔炉，先进生产力和先进文化的示范区。

"没有革命的理论，就不会有革命的运动。"[1]老兵精神的形成与发展离不开党的屯垦戍边理论的指导。党中央高瞻远瞩，把握全局，准确认识到加强兵团屯垦戍边的重要性，不断明确兵团的任务，肯定兵团作用，采取了一系列措施来加强兵团，指引兵团前进方向，逐渐形成了一整套内容丰富、思想深刻的屯垦戍边思想，引领兵团屯垦戍边事业不断发展并取得丰硕成果。可以说兵团各项事业的发展都离不开党的屯垦戍边理论的指导，兵团屯垦戍边进程中出现的每一项精神成果，都是以党的屯垦戍边思想理论为基础的。因此，党的屯垦戍边思想是兵团精神和老兵精神形成和发展的根本，是生成老兵精神最深刻最本质的理论来源。

第二节 老兵精神形成的社会历史条件

任何精神形态的出现，都植根于特定的历史背景和时空条件，

---

[1]《列宁专题文集（论无产阶级政党）》，人民出版社2009年版，第70页。

第一章 老兵精神的形成

是社会发展进步的观念反映并反作用于客观存在。[1]作为兵团宝贵精神财富的老兵精神，它的产生鲜明体现了兵团解放和田、扎根边疆和建设边疆、屯垦戍边的时代主题和历史使命。

一、南疆艰苦恶劣的自然环境的考验

马克思辩证唯物主义认为，物质是一种不依赖于人的意识的客观存在，它决定着意识的产生。而意识是人脑对物质、对客观事物的反映。自然的存在和发展，以及人类社会的存在和发展，都不依赖于人的意识。意识不是自生的和先验的。认识世界的形式是主观的，认识世界的内容是客观的。马克思和恩格斯认为，人是物质和精神的统一体，人是自然的产物，人的思维也是对客观自然的反映。思维和意识"都是人脑的产物"，而人类则是"自然界的产物"，所以它们"归根到底也是产自自然界的人脑的产物"。[2]由此可见，人的精神、观念等都是人脑的产物，是在特定的环境、特定的条件下所生成的。特定的气候、地理等自然环境对人的形体、意识、精神、性格等的形成会产生极大的影响。老兵精神的生成与军垦战士所处的南疆和田这一特定生存环境密切相关。正是由于在南疆屯垦戍边初期所面对的是极端恶劣的自然环境、极度落后的生产方式、极度匮乏的物质供应和极度复杂的社会环境，所以才催生了军垦战士艰

---

[1]潘洵、刘志平主编：《红岩精神》，中共党史出版社2018年版，第1页。
[2]马克思、恩格斯：《马克思恩格斯选集（第3卷）》，人民出版社1995年版，第375页。

23

苦创业的豪情和服务新疆各族人民的无私奉献情感。

和田位于新疆维吾尔自治区的最南端，塔克拉玛干沙漠南缘、喀喇昆仑山北麓。位于北纬34°11′21″—39°40′43″，东经77°03′45″—85°16′35″之间。东西长570—648公里，南北宽420—580公里。①境内东与巴音郭楞蒙古自治州的且末县交界，东南与西藏自治区阿里地区相邻，西南与印度、巴基斯坦控制的克什米尔为邻，西与喀什地区的叶城、巴楚、麦盖提县相连，北入塔克拉玛干沙漠腹地与阿克苏地区的阿瓦提县、阿克苏市、沙雅县接壤。和田地区境内中印边境线长210千米。总面积24.91万平方千米，占全疆总面积的15%，占全国总面积的2.6%。境内北部为沙漠区，面积10.79万平方千米，占境内总面积的42.47%。主要为流动性沙漠，基本没有植被覆盖。

和田境域地处欧亚大陆腹地，属北温带内陆荒漠气候。其表现为极端干旱，降水量稀少，蒸发量大，大部分绿洲年降水量在50毫米以下，年蒸发量则平均在2400毫米以上，气温较高，昼夜温差大，日照丰富。和田地区境内分布有大小河流、山溪36条，除和田河外，其余皆自成一独立小水系，都是冰川融雪补给型河流。春枯夏洪是和田地区各条河流的主要特征。地处内陆干旱沙漠区的和田地区自然条件恶劣，生态环境极其脆弱。主要表现为：

（一）气候恶劣，大风、沙尘等灾害天气频发

和田地区因位于东北风与西北风的交汇处，扬沙、浮尘、沙尘

---

① 韩爱华：《新疆和田地区产业结构调整问题研究》，载《经济师》，2003年。

第一章　老兵精神的形成

暴天气多发，尤其是3—5月的春季，植物正在萌生，御沙能力弱，经常风沙弥漫。据气象台站资料：和田地区每秒17米（8级）以上的大风，每年都在4—5次，大风伴有沙尘，严重时往往形成"黑风"。大风危害一方面表现为机械破坏，另一方面是流沙的掩埋和损伤。大风劫后，树倒屋塌，村庄被掩埋，农田被吞没，道路渠系阻塞，禾谷倒伏，损失惨重。据不完全统计，和田地区自1955—1980年浮尘天数由152天增至263天，年均增加4—5天，月均降尘117.6吨/平方公里。给农牧业生产和人民身体健康带来极大危害。[①]风沙使耕作条件变得困难，使耕作质量变得越来越差；它会造成重播，造成种子、时间和劳力的浪费，会推迟耕作时间，造成减产，增加财政支出和生产成本。风季流沙运动加剧，使田野、水利设施和灌溉系统遭受严重破坏，消耗大量劳力和财力。

（二）森林资源匮乏，沙漠化危害严重

和田地区生态环境恶劣，沙漠南侵，土地沙漠化问题日益严重。据新疆荒地考察队调查，1949—1979年，和田地区被沙漠吞没的土地有46万亩，沙漠化和沙漠化威胁的土地达2301.36万亩。和田地区所有的县均有沙漠分布，荒漠戈壁面积占48%，森林覆盖率不足1%。各绿洲均处于沙漠包围之中，土地的沙化造成地力降低，土质劣化，甚至完全失去利用价值。在民丰县尼雅乡拖比村，70岁的维

[①] 王立洪、张斌、万英：《新疆南疆农业灌溉对生态与环境影响》，载《水土保持研究》2002年第1期。

吾尔族老人阿不都热合曼·卡孜尔说，解放后，拖比村曾开垦了许多农田，但后来被沙漠吞没了，他一生曾因为风沙侵袭而三度搬迁，日益肆虐的风沙正在袭击现在的村庄。历史上曾被流沙侵袭而三次搬迁的策勒县城，如今流沙离县城只有2—3公里，民丰县城距沙丘也只有3公里。和田地区的其他县、乡（镇）、村也受着流沙的威胁。

1949年底部队进驻和田后，面对极其恶劣的自然环境，全体指战员发挥了超乎常人的精神意志，迸发出强大的激情和勇气，以自强不息、艰苦奋斗、不怕牺牲的大无畏英雄主义与恶劣的自然环境作斗争。首先从全团抽调干部派往各县领导各族人民进行减租反霸、土地改革和建党建政工作，维护地方的社会治安，引导农牧民发展生产。1953年6月，毛主席发布军队整编命令，十五团500余指战员奉命整编为中国人民解放军新疆农业建设第一师三团三营（四十七团前身）。从和田城区迁往墨玉县九区，开始创建新的军垦农场。后团部驻地为墨玉县喀尔赛镇夏尔德浪村，（维吾尔语：一说"黑色的戈壁滩"；一说"苦豆子""荒凉"）。这里距和田市76公里，地处荒漠，年降水稀少，蒸发剧烈，空气极度干旱。土壤大多为沙壤，肥力低，保肥保水能力差。自然灾害频繁，主要为干旱、干热风、沙暴、浮尘、盐碱等，每年沙尘暴、扬沙、浮尘天气多达200多天。60多年来，一批批军垦战士在渺无人烟的戈壁荒原上，在极其艰苦的环境中，在无边无际的戈壁滩，披荆斩棘，风餐露宿，以惊人的毅力和无穷的智慧，战胜了恶劣环境，利用落后的劳动工具，开荒、修路、修渠、建房、植树造林，在严重缺水、盐碱严重的土地上，建立起一个个连队，开出2万多亩土地。将戈壁荒漠变成了生态绿洲。通过60多年的努力，现在四十七团逐步实现了从肩挑手推到机械化作业；从阴暗潮湿的地窝子到宽敞明亮、保障齐全的楼房；从行走困难的沙漠土路到四通八达的柏油马路；从建团之初的艰难度日到今天的生产发展、经济繁荣、人民安居乐业。四十七团的历史是无数军垦战士在亘古荒原上与恶劣自然环境作斗争的历史。在南疆和田地区艰苦卓绝的环境中的屯垦戍边实践，充分激发了一代代军垦战士的生命意志和精神力量，培养了他们的革命风范，坚定了他们的理想信念，磨炼了他们的坚韧意志，在这些基础上进而锤炼和升华了英勇顽强、忠诚为民、艰苦创业、扎根边疆、无私奉献的老兵精神。

二、南疆复杂社会历史条件的挑战

马克思、恩格斯曾指出，许多的理论和思想的内容都来自于当时的历史实际，因为时代需要而产生的。不仅如此，理论、思想都与当时的国家、社会生产力发展水平相符合，以国家既有的生产和社会条件为基础而产生。新中国成立前后，国际政治和经济风云变幻，新疆社会局势复杂多变，老兵精神生成于一个极其艰难的特殊社会历史条件，是以20世纪中期新疆错综复杂的社会形势为背景，以中国几千年的传统文化和革命军队精神为积淀,进而在当时南疆解放初期的特殊社会中酝酿、产生的,是当时国内外条件综合发展的结果。具言之,老兵精神生成的社会历史条件有以下几个方面:

(一)经济方面

在新中国成立前夕,新疆各民族均处在封建社会初期、初中期阶段。资本主义经济只是在个别城市极少量存在。在维吾尔族聚居的南疆农村,还分散着极少量农牧制的农奴制庄园。如墨玉县的夏合勒克乡,15户农奴主占有全乡72.8%的土地,拥有645户农奴。新疆农村普遍存在着由农奴制向租佃制过渡的剥削形式——"伙种"。[①]农民不仅要向地主交地租,还要服劳役,耕种地主留下的大部分土地。百姓生活非常艰难,很多人辛苦劳动几十年,仍然一无所有。

新中国成立前的新疆经济极端贫穷落后,主要以农牧业为主。当时新疆人口不足500万,其中100万人过着游牧生活,其余400万人口从事生产工具简单、耕作方法粗放的绿洲农业。没有农场和成规模的良田,工业企业几乎全是私营小作坊,人民生活贫困不堪。1949年全疆工农业总产值仅7.2亿元(以1980年不变价计),其中工业产值仅占0.5%。广大农村异常贫困,平均每3户农民仅有1头耕畜,9户农民1辆木轮车,2户农民1把坎土曼[②]。1949年全疆粮食总

[①] 朱培民、王宝英著:《中国共产党治理新疆史》,当代中国出版社2015年版,第11-12页。
[②] "坎土曼"是维吾尔族的一种铁制农具,主要用于锄地和挖土。

第一章 老兵精神的形成

产8.48亿千克，人均占有195.7千克，各族农民除去地租、口粮和种子外已所剩无几。[1]加之五年来停止对苏联的贸易，对内地贸易亦难畅通，因而新疆生产陷入萎缩，经济异常萧条，市场日用品特别奇缺，金融发生严重震荡，物价在此期间上涨100倍以上。1949年5月10日，新疆省政府曾发行了面额为60亿元的中国货币史上空前的巨额纸币，据推算这样一张纸币在当时也只能买14.7粒大米。随着通货膨胀，物价一再猛涨，物价上涨指数全国第一。1把坎土曼值300—400斤小麦，1块砖茶要用1只绵羊才能换来。人民生活困苦已达极点，90%以上的人是文盲。[2]

和田因地处荒漠，生态恶化，民生凋敝，生产技术落后，产业结构单一，经济发展更为滞后。各族群众生活极度贫困。1949年，境内国民生产总值为15815万元（2000年不变价），人均238.93元。各族群众受压迫受剥削异常沉重。绝大多数贫农和雇农每年有两三个月要靠桑子、沙枣、桃杏充饥，有的农民穷得煮饭锅也没有一口。

部队进疆初期，处境异常困难，主要是粮食供应问题。当时我军立足未稳，社会秩序混乱，经济凋敝，人民群众生活相当困难，老百姓根本拿不出粮食供应部队。若从外地运粮，仅运费就高出粮价的7至10倍，买进口粮食又没有外汇。部队吃粮只能向私商购买，当地的巴依、伯克、反动头人有粮不卖，而卖粮的商人只要银元，

---

[1]朱志燕：《两论新疆生产建设兵团的建立背景》，载《民族论坛》2013年第8期（总第329期）。
[2]朱培民 王宝英著：《中国共产党治理新疆史》，当代中国出版社2015年版，第12页。

还乘机囤粮，哄抬粮价。新疆军区后勤部长每月要乘飞机到北京运一次银元回新疆购买军粮。时任中央政务院总理的周恩来对王震说："人民解放军要驻守边疆，保卫边疆，长期靠别人吃饭，自己不生产是不行的。"1949年12月彭德怀在向毛泽东的报告中说："新疆目前最严重的问题，是财政经济问题。现新疆部队及地方行政人员有24万多人，本身财政只能解决30%左右，70%以上须靠中央帮助。……如不大力解决，不仅影响入疆部队的生活，而且对新疆民族问题，对民族军的团结和起义部队的改造问题，也将发生重大影响"。[1]

另一方面，国家对新疆部队的供应也极为有限。1950年仅1至4月，按供给标准，欠供经费达22236万元；北疆部队13.5万人，军马2.9万匹，于1950年1月粮料处于半断供状态。原美国驻乌鲁木齐领事馆副领事马克南在离开新疆时曾预言："共产党的军队好进不好出。我要亲自看到他们一个一个渴死、饿死、葬身于黄沙旷莽之中。"[2]

而在交通运输方面，新疆距离北京3800公里，更重要的是新疆境内交通极不发达。20世纪初，新疆境内主要的长途交通工具是骆驼和马，短途则以毛驴为主。1935年，新疆省建立公路总局，1936年正式办理全疆各个城镇的定期班车，但是汽车运输并不普及，公

---

[1] 新疆生产建设兵团史志编纂委员会：《新疆生产建设兵团大事记》，新疆人民出版社1995年版，第16-17页。
[2] 新疆军区：《屯垦军魂》，新疆大学出版社2004年版，第188页。

第一章　老兵精神的形成

路路面状况也极差,运输速度慢得几乎令人绝望,在临近解放的40年代,乌鲁木齐到喀什的快件邮政路线开通,全长2510公里,这个线路各路段都配有马差,昼夜兼程需要15天才能到达,喀什到和田500公里昼夜兼程也需要5天。①和田地区交通更为闭塞,距首府乌鲁木齐市公路里程:东线(经沙漠公路)1509千米,西线(经喀什地区)1776千米,航程1098千米。在解放初期,和田境内没有正规公路,主要依靠畜力运输,直到1950年才购进第一辆汽车。

南疆和田各族人民长期处于极度贫困的状况,这是老兵精神生成的社会经济环境。也确定了十五团战士担负着尽早解放和田人民,多为人民办好事,救民于水火的历史重任。

(二) 政治局势

在中华人民共和国成立前夕,国际局势复杂多变。在国际上,妄图称霸全球的美国,在其"扶蒋反共"政策失败之后,仍然不肯放弃与中国人民为敌的立场,拒绝承认新中国,还竭力阻挠其他国家与新中国建交,在政治上孤立中国,在经济上实行封锁,在军事上实行包围。新疆位于祖国西北边陲,有5400多公里长的国境线。当时,中苏、中蒙友好,边境安宁。南疆与阿富汗、巴基斯坦、印度等国毗连。阿富汗有美国势力渗入,巴基斯坦当时的统治者和美国紧密勾结,印度独立不久,尚未摆脱帝国主义势力的影响。英国在巴基斯坦的吉尔吉特、期喀吐等地建有空军基地,美国想利用克

---

① 刘志霄:《维吾尔族历史》,中国社会科学出版社1996年版,第736页。

什米尔作为侵略中国的跳板。因此，保卫边防是驻疆部队的首要任务。①

新疆和平解放初期，帝国主义分子和边境内外的新疆反动势力勾结在一起，不断派遣间谍特务，策划反革命叛乱。在解放军进疆之前以及进疆之初，新疆各地接连不断发生叛乱，匪患严重，民不聊生。导致政局不稳，起义部队人心浮动，对新政权造成极大冲击和威胁。新疆公开的武装叛乱势力主要有五支：

一是国民党起义部队中部分势力。哈密、鄯善、呼图壁、绥来（今玛纳斯）、迪化（今乌鲁木齐）、吐鲁番、焉耆、轮台、库车等地的国民党驻军连续发生小规模动乱，其中以1949年9月底驻哈密的原国民党一七八旅五三三团部分官兵抢劫哈密银行库存金银12箱，黄金1.6万两，当地居民也被抢的"哈密事件"规模最大。

二是西北地区的地方武装马家军骑五军的武装叛乱。1950年3月骑五师下辖骑七师驻昌吉、阜康、木垒的二十、二十一、十九团先后叛乱10余起，参加叛乱的官兵有12个连，约1930人。

三是民族军内部少数民族分裂者发动的兵变。如1950年7月伊犁驻军中的热合曼诺夫发动的伊宁兵变，1950年8月的昭苏驻军兵变。

四是受分裂主义历史残余的影响，以宗教为旗号的暴动，主要发生在南北疆地区的巩留、和田、墨玉、洛浦等地。新疆的和平解

---

①新疆生产建设兵团史志编纂委员会：《新疆生产建设兵团发展史》，新疆生产建设兵团出版社2011年版，第26页。

第一章　老兵精神的形成

放和新中国成立初期的剿匪斗争对新疆分裂主义是一个沉重打击，新疆分裂分子或被处决①，或潜逃异邦，或在国内暂时潜伏下来，伺机制造新的动乱。南疆莎车县的荒地麦德利斯教经堂②便是潜伏在国内的"疆独"分子进行分裂活动的一个源头和窝点。莎车县的阿尤甫·哈日、墨玉县的阿不都·依米提大毛拉③、叶城的阿不力克木·买合苏木大毛拉等人便是这些潜伏下来的"疆独"分子中的代表人物。1949年9月新疆解放前夕，穆罕默德·伊敏④、艾沙等人从南疆外逃，途经喀什、叶城、皮山等地，曾多次召集当地分裂分子和封建宗教上层，煽动分裂、鼓吹反共。阿尤甫·哈日派阿不都·依米提大毛拉等前往密谋制造分裂事宜。新中国成立后，南疆的一系列暴动案都由阿尤甫·哈日的亲信阿不都·依米提大毛拉和其建立的骨干组织策划实施。据统计，"荒地教经堂先后将其培养出来的30多名哈里发⑤派往和田、墨玉、洛浦和于田，还派遣骨干分子227

---

①老牌"疆独"分子麦斯武德于1951年4月被以从事反革命活动罪处决。
②"疆独"分子阿尤甫·哈日1945年建成。
③阿不都·依米提大毛拉曾参与了1933年"东突厥斯坦伊斯兰共和国"分裂政权。
④穆罕默德·伊敏，汉名毛德明，新疆和阗（今和田地区）人，维吾尔族。泛突厥主义分子，"民族革命委员会"与"东土耳其斯坦伊斯兰共和国"的建立者之一。后加入中国国民党，为中央监察委员。1946年被国民政府委派回新疆，出任新疆联合省政府委员兼建设厅厅长。1948年12月，担任新疆省政府副主席。他利用合法身份在南疆和田等地公开宣传和鼓动分裂思想，并组织武装策划了多起叛乱活动。新中国成立后，流亡印度。1964年，病死于土耳其。
⑤经学院或寺院的学生。

名"。荒地教经堂还"向喀什地区派遣哈里发169名，骨干分子62名，分布在11个县市；向新和县、库车县、轮台县、吐鲁番和乌鲁木齐等地也派出了98名哈里发"。在此期间，新疆发生的一系列大小暴乱都是由这些人策划实施的，譬如解放后和田的一些暴乱都是由阿不都·依米提大毛拉及其骨干分子策划实施的。他们在暴乱中打出了"伊斯兰共和国"旗号，选举了所谓的"共和国"主席、总司令等职位，提出"为建立伊斯兰政府而战"等反动口号。

五是随着"冷战"的开始和新疆和平解放的日益临近，出于反苏反共的目的，为阻止新疆落入苏联及其盟友中共之手，美国加大了介入新疆事务的力度，策划"新疆独立"，阻止解放军入疆。1948年6月，在美国驻迪化副领事马克南策划组织下，成立了以乌斯满为首的反共反苏反三区革命委员会。同年10月间，新疆省政府主席麦斯武德、政府秘书长艾沙与美国驻迪化总领事包懋勋秘密商议成立"泛土耳其斯坦伊斯兰共和国"，美国率先予以承认，再由美国出面游说中东各国承认，并迅速建立外交关系，造成既成事实。国民党势力乌斯满、贾尼木汗和尧乐博斯在解放军立足未稳之时，联合马家军的骑七师中部分军官，从1950年3月开始，在昌吉、呼图壁、玛纳斯、阜康、奇台、木垒、巴里坤、伊吾和乌鲁木齐的南山等地发动的武装叛乱，其人数一度达到3万余人。因为乌斯满是哈萨克部落头人，又是国民党高级官吏，其武装力量善骑射、一人二马，不要后勤供应，且熟悉新疆各地地形，适应戈壁荒漠气候，其叛乱一直持续到1958年，一度对新疆的新生政权造成了极大的威胁。①

可见，在解放军进军新疆的初期，新疆南北疆均有敌对势力发动的武装叛乱。②平叛剿匪、巩固边防、维护治安是入疆部队的首要职责。这一历史使命是生成老兵精神的现实需要。

三、屯垦戍边实践所催生的特殊精神力量

积极向上的精神是在恢宏的实践中产生的，火热的南疆屯垦戍边实践是老兵精神产生的丰厚土壤。1949年12月，十五团1800余名官兵徒步横穿大漠，胜利解放了和田，使各族群众摆脱了剥削阶级的压迫，脱离了苦海，成为国家的主人。对新疆各民族的融合与团结，促进和田地区的社会稳定，保卫人民民主政权，发展社会经济，提高各民族人民生活水平，巩固国防，维护国家统一，具有重要而深远的历史意义。此后，广大官兵遵照党中央的命令，就地转业，建立起兵团十四师四十七团，担负起屯垦戍边的光荣使命，就像沙漠里的胡杨一样，把根深深地扎进了这片大漠戈壁。

（一）进驻和田，巩固新生政权

部队进驻和田后，始终保持我党我军的光荣传统和优良作风，坚决执行毛泽东主席"到新疆要为各族人民多办好事"的指示精神，

---

① 马大正：《国家利益高于一切：新疆稳定问题的观察与思考》，新疆人民出版社，2003年版，第229页。
② 李捷：《改革开放以来反新疆分裂主义的实践与理论思考》，兰州：兰州大学，2012年4月1日。

充分发挥战斗队、工作队、生产队的三大作用，参加军事管制、接管边防、建党建政、土地改革、镇压反革命、平息暴乱、修筑昆仑公路、开展大生产等重大活动，为巩固新生的人民政权、巩固新中国边防，保卫国家安全，稳定和田的社会政治局势，恢复和发展国民经济作出了重大贡献。

1.接管边防

十五团进驻和田后，根据军师首长的指示，立即派出部队开往边防第一线，接管边卡防务，保卫祖国领土的完整与安全。1949年12月27日，在部队进驻和田的第五天，十五团参谋长白纯史率警卫连进驻皮山县桑株镇，接管国民党驻皮山县边防大队的防务，受到边防大队起义官兵的热情接待。起义官兵拿出军用地图将设防情况和边卡哨所兵力配置情况一一向警卫连作了介绍，并根据上级命令向警卫连移交喀喇昆仑山上的边卡防务。1950年5月，十五团警卫连以一个加强排的兵力进驻皮山县通往印度之要地赛图拉，并设指挥所，以部分兵力于黑孜江干、三十里营房、康西瓦设置哨卡，封锁和田敌特外逃的所有通外山口，稳定了和田的政治局势。

2.建党建政

解放前，和田各族人民除受国民党政府反动统治和封建地主、牧主、巴依的残酷压榨外，还受宗教势力的压迫和剥削。亟需建党建政，领导各族群众翻身作主人，建党建政的任务落在了进疆人民解放军的肩上。1950年1月，新疆分局把全疆划分为迪化、喀什和伊犁三个区，组建党政机构。另外，各地、县的党政建设，由所驻该地的人民解放军采取"分区包干"的办法来进行。十五团具体负责和田地区党的政权建设。

根据上级指示，1950年1月17日，以十五团为主，建立和田军事管制委员会，团长蒋玉和任主任，政委黄诚任政委，接管国民党和田专区政权，对专区所在地和田县实行军事管制。接着，十五团分兵各县，从全团抽调30名干部派往各县成立军管会，接管旧政权，担任军代表，对全区各地实行军事管制。

紧接着，1950年2月，以十五团为主组建和田军分区，2月底成立和田地委。1950年3月，二军军长郭鹏，副政委左齐、王军，十三师师长买买提明·伊敏诺夫，代表中国共产党喀什区委会来和田指导各县建党建政工作。分别从十五团抽调汉族干部担任和田7个县的县委书记、委员和县政府的副县长、公安局副局长、税务局局长等职；从三十九团抽调民族干部担任7个县人民政府县长、公安局局长、税务局副局长和县委副书记、委员等职。帮助全区7个县建立中国共产党工作委员会和人民政府。为了加强基层政权建设，巩固人民民主政权，十五团又陆续抽调几百名官兵接管国民党的基层政权，取消保甲制度，建立起基层人民政府，发展党、团员，建立党支部，培养和提拔大批少数民族干部，建立起农协、工会、妇联、青年联合会等群众团体。向广大各族人民群众积极宣传人民政协共同纲领、新疆省人民政府施政方针和党的政策，广泛进行人民民主统一战线工作，召开了各级人民代表会议，选出县区人民政协委员会，通过他们发动群众进行肃特、反霸工作。并领导各族人民进行了镇压反革命、土地改革运动。这一系列的措施，维持了社会秩序，巩固了新生的人民政权。

3.参加土改，镇反平叛

新疆和平解放后，推翻了国民党政府的统治，但在广大农村地区，地主阶级仍然在剥削和压迫各族农民群众，严重阻碍着社会经济的发展。1951年中共中央新疆分局决定在全省开展减租反霸运动，作为消灭封建剥削制度的第一仗。当年7月，十五团抽调排以上干部80多人，参加和田地区减租反霸、土地改革工作队。在和田县进行两个月的土地改革试点后，又增加100多名官兵组成庞大的土改工作组，分赴7县广大农村，开展减租减息，剿匪反霸，没收地主和富农土地财产，开展土地法宣传教育，清算反革命分子罪行，使广大贫苦农民分得了财产和土地。提高了和田地区各族群众的阶级觉悟，初步建立了乡村政权，在政治上打垮了恶霸地主的统治，经济上削弱了封建势力，为土地改革进一步深入和在广大农村消灭封建剥削制度打下了基础。

解放初期，新疆各地遗留有大量国民党反动派的残余势力，土匪、特务和国民党反动军官发动叛乱，公开和暗藏的反革命分子造谣破坏。遵照中央和上级的统一部署，十五团党委和和田军管会大张旗鼓地开展镇压反革命运动。当时，和田有三股反动势力：一是

第一章 老兵精神的形成

国民党统治时期建立的庞大军事、警察、政权机构和中统、军统等特务组织；二是城乡的封建地主、恶霸和反动宗教人层人物；三是穆罕默德·伊敏势力残余的民族分裂分子。他们相互勾结，策划叛乱进行特务活动。1950年，国民党特务石显组建"自由党"，发展组织，刺探情报，制造谣言，煽动暴动，被抓捕。混进革命队伍中的反革命分子和原国民党少数边卡人员也试图叛乱，十五团警卫连班长李元林、战士胡凯在边卡守防中，企图胁迫全班人员携枪外逃，被识破。朝鲜战争爆发后，和田地区出现上百个敌特电台，一些国民党军统、中统特务频频与英国情报机关联络，到处散布第三次世界大战即将爆发的谣言，搞得人心惶惶。在军管会的统一指挥下，十五团组织力量深入开展剿匪清霸、除奸反特活动，一举摧毁国民党军统局保密组、中统局特别行动小组，中训团省党部通讯组、警卫组等特务组织20多个，收缴大批枪支、电台，抓捕各类特务分子和外围组织人员917名，恶霸分子28名，国民党党、团骨干502名。其中枪毙、判刑557名。1951年5月1日，和田军管会召开万人公判大会，公审国民党军统特务王肇智、安筱山、郝登榜，专区国民党警察局长米杰、国民党和田县党部书记张树敏，县警察局长石显，以及企图携枪外逃的叛敌分子李元林、胡凯等一大批反革命分子。对反革命的镇压，沉重打击了敌人的嚣张气焰。教育了各族人民群众，提高了部队官兵的思想政治觉悟。从此，各种谣言销声匿迹，敌特电台再没有出现过。

(二)发扬南泥湾精神,垦荒造田

1.修筑新藏公路

为完成统一祖国的伟大事业,1949年冬,在第一兵团进军新疆途中,毛泽东指示:"你们的进军任务包括出兵西藏,解放藏北。"中共中央1950年1月上旬决定,以中共西南局和第二野战军为主,在中共西北局和第一野战军的配合下,于4月开始组织向西藏进军,10月已进驻西藏。遵照中共中央、毛泽东的指示,为配合从西康、云南、青海进军的兄弟部队解放西藏,新疆军区决定组建第二军独立骑兵师,担负解放西藏阿里地区的任务。1950年,为支援独立骑兵师进军西藏阿里地区,十五团一营奉命开赴昆仑山与独立骑兵师共同参加修筑新藏公路的战斗,一营除三连留守于田县外,一、二连、机枪连、营部共计400多人全部进军昆仑山,参加修筑新藏公路。

阿里高原位于西藏西部,地势高峻,山岭重叠,雪峰林立,平均海拔4500米以上,属高寒缺氧地区,修路条件十分艰苦。十五团战士克服重重困难,至1951年8月完成了208.5公里的筑路任务。在修筑公路中有100多名同志负伤,十几位同志献出了自己宝贵的生命。1952年西南军区给十五团参加修筑进藏公路的全体指战员颁发了解放西藏纪念章。1956年,在北京召开全国筑路英雄大会,参加修筑进藏公路的十五团筑路英雄郭正出席了大会,受到毛泽东等党和国家领导人的亲切接见。

第一章　老兵精神的形成

2.开展大生产运动

全国解放前夕，毛泽东就高瞻远瞩，作出军队参加生产的决策。1949年12月5日，中央人民政府人民革命军事委员会主席毛泽东发出《关于一九五〇年军队参加生产建设工作的指示》，号召全军"除继续作战和服勤务者而外，应当担负一部分生产任务，使我人民解放军不仅是一支国防军，而且还是一支生产军，借以协同全国人民克服长期战争所遗留下来的困难，加速新民主主义的建设"。驻新疆的人民解放军坚决贯彻执行党中央、毛主席的指示，开展了轰轰烈烈的大生产运动。①

十五团团长蒋玉和率领先遣队到和田后，一面同敌人进行斗争，一面为大部队到达和田后的生产做准备。1950年3月，遵照新疆军区的命令，全团拉开了大生产的序幕。一营在于田县，二营在洛浦县，三营在墨玉县，警卫连在皮山县，团部、团直等单位在和田县。根据指定位置，各部队纷纷开往亘古荒原，冒着严寒酷暑，风餐露宿，开荒造田，挖渠筑路，掀起大生产热潮。部队一手拿枪，一手拿坎土曼，既要进行军事训练，完成保卫边疆的任务，又要进行大生产。当时由于财政困难，半年多未发经费，广大指战员节衣缩食，生活非常艰苦。经过艰苦奋战，全团当年开垦出2.3万亩地，播种2.2万多亩。为解决新开垦土地的灌溉问题，在野猪窝（今和田县包格孜库勒乡）开挖引水大渠。抽调三营全部，二营的五连、机枪连、

---

①王崇久、王瀚林编：《兵团精神》，新疆生产建设兵团出版社2014年版，第141-142页。

41

炮兵连共700多人，在戈壁滩上风餐露宿，苦战2个多月，挖成了27公里长的大渠。到1952年全团共开垦耕地4.5万多亩。为国家生产出大量的棉花、小麦、玉米、水稻和豆类、瓜菜等，既满足了自身的需要，又支援了国家，减轻了当地各民族人民的负担，极大地促进了当地的社会稳定和民族团结。

（三）屯垦戍边，长期建疆

1952年2月，中国人民军事委员会主席毛泽东发布军队整编命令。1953年5月，新疆军区根据毛主席和西北军区命令，将所属部队整编为国防部队和生产部队。大批生产建设部队的组建，使业已开始的屯垦戍边事业，不断形成新的高潮。十五团根据上级决定，30岁以下，身体健壮的战士编为国防军，驻温宿县担任驻守任务。原抽调到和田专区7县支援地方建党、建政和参加土改工作的指战员，大部分转业到地方工作。其余500余人编成一个营，奉命整编为新疆农业第一师农三团第三营。十五团番号撤销，团部建为农三团团部，并从和田迁驻墨玉县第九区（今阔依其乡强古村）。部队开垦出的良田，除墨玉县外，其余全交给地方耕种。

在新的形势下，为使驻新疆的十几万生产大军真正安下心，扎下根，长期屯垦戍边，在新疆从事社会主义经济建设，并把部队生产纳入国家计划，需要成立一个新的领导机构，以便统一集中领导新疆的生产部队。1954年10月，中央政府命令驻新疆人民解放军第二、六军大部，第五军大部，第二十二兵团全部，集体就地转业，脱离国防部队序列，组建"中国人民解放军新疆军区生产建设兵

第一章　老兵精神的形成

团"，接受新疆军区和中共中央新疆分局双重领导，其使命是劳武结合、屯垦戍边。兵团由此开始正规化国营农牧团场的建设，由原军队自给性生产转为企业化生产，并正式纳入国家计划。[1]1955年4月，农业第一师三团三营的全体指战员遵照命令集体转业，改称农一师前进总场墨玉分场。此后，团场建制、隶属关系几经变更，但屯垦戍边的使命始终未变。几十年来，在这一过程中，老兵们始终模范践行兵团使命。积极发展壮大自身、探索建设现代化的国营农牧场、为和田各族人民大办好事。经过60多年的艰苦创业，十四师现辖5个农牧团场，其中四十七团驻墨玉县，皮山农场驻皮山县，一牧场驻策勒县，二二四团驻皮山县和墨玉县之间，二二五团驻于田县。师团各项事业有序推进，至今已发展成为一个农林牧副渔、工交商建服、科教文卫体全面发展的融党、政、军、企为一体的综合性社会组织，为和田地区的经济发展和社会稳定，作出了巨大贡献。

　　同时，十四师始终不渝地承担着维护和田地区稳定的重要任务。不论是在20世纪五六十年代反对民族分裂主义的斗争中，还是在20世纪90年代以来打击暴力恐怖活动和反渗透中，十四师总是站在反分裂斗争的最前沿，成为民族分裂主义分子进行分裂活动无法逾越的一道屏障，有效地维护了边疆的稳定。如1954年，由墨玉县五区

---

[1] 中华人民共和国国务院新闻办公室：《新疆生产建设兵团的历史与发展》人民出版社2014年版，第2—3页。

（今雅瓦乡）的阿不都依米提大毛拉（老牌民族分裂分子）利用少数干部和群众对成立高级社的抵触情绪，乘机煽动群众对抗，并组织策划暴乱，计划先夺取和田公安劳改队和农三团的武器，然后占领和田，争取外国援助，再进攻喀什和乌鲁木齐。当时，和田的于田县（距和田市约200公里）驻有一个骑兵连，军分区有一个警卫排，民警中队只有一百来人，武装力量比较薄弱，因此，稳定和田局势，平息暴乱的重要武装力量放在了农三团三营这支英勇善战的老部队身上。根据上级指示迅即成立三个步兵连和一个骑兵连，加强了戒备和训练，构筑防暴阵地，日夜防守。连续一个月，多次驱散平息暴乱分子的围攻、夺取枪支等暴动企图。并配合和田地委的平暴部队作战，赴皮山县桑株阻击暴乱分子逃往印度。先后抓捕暴乱分子172名，投案自首有90余人。于1955年1月3日平息。如今的和田地区，永不换防转业的兵团十四师是一支不可或缺的中坚力量。军垦战士们在和田屯垦戍边的长期考验及实践中始终坚守"稳定压倒一切""我为祖国守边防"的信念自然积淀为一种精神，并在履行兵团职责使命进程中薪火般传承至今。

老兵精神正是老一辈创业者在十分艰苦的南疆屯垦戍边实践中逐渐锤炼形成的。屯垦戍边实践是老兵精神产生和发展的根本推动力。在这种实践基础上，革命军人的优秀品质逐渐与屯垦戍边实践的精神需求相结合，同时不断吸纳社会主义精神和我国屯垦戍边优秀文化，老兵精神得以逐步形成和发展。

第二章
老兵精神的科学内涵

第二章　老兵精神的科学内涵

"精神",是指一个人或一个群体所展示出来的精神面貌和作风。具体来说,就是这个人或这个群体在面对具体事情、面对所从事的工作和事业,在参与的社会公共活动中所展示出来的基本态度和价值取向。[①]老兵精神就是十四师人在60多年的岁月里呈现出来的立身处世的基本态度和价值取向。在革命战争年代,老兵精神主要表现为老战士听从党的指挥,铁胆忠诚、出生入死、不怕牺牲;在和平年代和社会主义建设时期,突出表现为忠诚履行屯垦戍边使命,无私奉献、艰苦创业、不求回报、不计个人得失,发挥余热、奉献终身。老兵精神是共产党员不忘初心、牢记使命的光辉典范,是党和国家的宝贵精神财富。

第一节　老兵精神的提出

在我们党的历史上形成的诸多革命精神,有着不同的命名方式。有以地域来命名的,如井冈山精神、延安精神、西柏坡精神、沂蒙精神、大庆精神等;有以英雄人物的名字来命名的,如白求恩精神、张思德精神、焦裕禄精神等。有以组织名称来命名的,如兵团精神、三五九旅精神等;而老兵精神,则是以老兵这个群体名称为主干,再以老战士默默奉献一生的大漠戈壁的喻称——沙海作为修饰语,

---

[①] 兵团精神课题研究组:《兵团精神的丰富内涵》,载《兵团日报》,2017年2月27日第6版。

共同组成这一精神的名称。清晰反映了这一精神的实践主体和地域特色。

老兵们所驻守的四十七团位于新疆最南端的和田地区，始终处于保卫祖国边疆、反分裂反暴恐、去除极端化思想的最前沿阵地，自然环境恶劣，地理位置特殊，战略地位重要，维稳戍边作用突出，责任重大。党中央、自治区党委及兵团、师党委对十四师及四十七团的发展非常关注，对老战士们也给予特殊关心和爱护。

1964年、1965年，自治区党委书记王恩茂连续两年来四十七团调研并检查指导工作。1982年4月17日，重返新疆工作的自治区党委书记王恩茂再次来到四十七团与老战士们座谈，肯定老战士的功绩。他讲："你们是有功劳的：第一，参加革命战争，抗日中有功劳；第二，参加了人民解放战争，解放战争中有功劳；第三，你们进军新疆长途跋涉，在巩固新疆和平解放的胜利中有功劳；第四，你们参加了开辟和建设了这个农场是有功劳的。这就是说，你们在解放、建设社会主义的新疆中，你们立了功。你们的功劳，党和国家、人民是不会忘记的，你们功劳是流芳百世的。你们现在有了子孙后代。子孙也不会忘记你们的功劳。你们建立了功劳，但不要骄傲。应该感到自己为党、为国家、为各族人民立功劳还不够，要保持光荣传统，在各方面工作中做模范、做表率。要在四化中建立新的功劳。"

改革开放后，当年横穿沙漠，解放和田并在此屯垦戍边、驻守

第二章　老兵精神的科学内涵

一生的老战士们已陆续离休,但他们的英雄壮举和默默无闻的奉献,始终让人们铭记在心。2006年,四十七团老军垦战士集体获评感动兵团年度人物。当时对他们的颁奖词是:"从井冈山到南泥湾,从硝烟弥漫的战场到塔克拉玛干沙漠南缘的和田,他们用双脚丈量的是不休的革命历程,是兵团精神!他们像大漠胡杨一样,把根深深扎在绿洲。老兵,始终是忠诚的战士,是共和国最伟大的公民!"

2007年8月8日,温家宝总理在石河子市亲切接见了作为十万军垦战士代表的四十七团老兵李炳清。温家宝充分肯定了老战士们的突出贡献,指出:老一代军垦人不但为新疆创造了物质财富,而且还为新疆创造了精神财富。新疆生产建设兵团的使命是"屯垦戍边",兵团的精神是"艰苦奋斗,无私奉献,顽强拼搏",这种精神在老一代军垦、军垦英模、戍边职工身上体现得更加突出。把老战士的精神归为兵团的"艰苦奋斗,无私奉献,顽强拼搏"精神的体现,是对老战士的精神的高度评价和概括。

老战士的事迹引起社会各界和各大媒体的关注,2009年,时任新疆军区政治部副主任的李卫平,走进四十七团,被老兵们崇高的信仰和一生的坚守深深打动,饱含真情地写出了报告文学《壮哉,沙海老兵村》。该作品在《解放军报》刊发后,引起强烈反响。随后,由李卫平策划,原新疆军区政治部电视中心组织拍摄的3集电视纪录片《壮哉,沙海老兵村》在中央电视台播出。自此以"沙海老兵"来喻指四十七团老战士群体逐步被人们所接受并约定俗成地

49

固化下来。

2009年，为庆祝中国人民解放军进军和田60周年，十四师党委出版画册《忠魂》。将老战士的精神概括为：忠于祖国，祖国的利益高于一切；热爱党，热爱人民；随遇而安，忠实地履行屯垦戍边的历史使命；艰苦奋斗，无私奉献；全心全意为边疆各族人民服务。爱国主义是老战士精神的核心，祖国的利益高于一切是老战士精神的基石，无私奉献是老战士精神的精华，屯垦戍边是老战士精神产生的外部条件，维护民族团结和建设边疆和保卫边疆，全心全意为边疆各族人民服务是老战士精神的归宿点。这一概括是十四师党委对老兵精神研究的有益探索，表明师党委对老战士的精神有了进一步的认识。

2010、2012年，党和国家领导人温家宝、贾庆林等先后来到四十七团亲切看望慰问老战士。肯定老战士们为新疆的发展和建设作出了重大贡献，希望代代人都要不忘光荣历史，继承革命传统，发扬兵团精神，献身伟大祖国。从2010年6月起，时任兵团党委书记、政委车俊先后16次来四十七团调研指导工作，其中有两次蹲点调研达6天，对老战士的精神给予高度评价和科学定位。他说：四十七团老战士是宣传兵团的名片，老战士集体是兵团精神的活化石，是兵团精神的创造者、实践者，是兵团人的一面旗帜。是井冈山精神、南泥湾精神的直接传承，是兵团精神的直接源头，是兵团事业发展最宝贵的财富。

第二章 老兵精神的科学内涵

十四师党委对老战士精神的传承弘扬高度重视。1999年，在自治区党委、政府和兵团、师党委的大力支持下，在四十七团修建了屯垦戍边纪念馆和中国人民解放军进军和田纪念碑，逐步成为自治区及兵团的爱国主义教育基地。从2009年起，在各大媒体的支持下，先后完成了《壮哉，沙海老兵村》《大漠老兵》和《千古之策》等大型纪录片的制作和展播；创作了许多文艺作品，如作家陈永康创作的《穿越"死亡之海"》。北京青年报记者杨菊芳创作的《大漠老兵，用忠诚铸成军魂》等作品；2011年，十四师组织了以"信仰在大漠里生根"为主题的老兵精神全国巡回宣讲活动，收到较好的效果；自行创作的歌舞剧《沙海老兵》获兵团第七届文艺汇演优秀创作奖。随着各类宣传形式的不断丰富，老战士的事迹被越来越多的人所了解。在这一过程中，师团党委对老战士的精神也有更深入的理解和认识，经多次酝酿，一致认为用沙海老兵来概括老战士群体，更能突出这一群体的地域特色及艰苦程度。同时也能反映老战士的革命轨迹：从横穿沙漠到扎根沙漠。2012年12月22日，十四师联合和田军分区以及北京援和指挥部举办首届"中国·新疆兵团沙海老兵节"，以节庆方式纪念四十七团老战士横穿沙漠、进军和田平叛剿匪建立新政权这一历史壮举。时任兵团党委书记、政委车俊致信祝老兵节圆满成功。在师党委相关的新闻报道中首次出现"老兵精神"这一概念。

2013年12月，四十七团9位老战士联名给习近平总书记写了一封信。总书记很快作了批示，充分肯定老战士们为屯垦戍边、建设边疆作出了重要贡献，并第一次使用"老兵精神"这个概念，强调要以老兵精神激励更多年轻人为祖国边疆的长治久安和繁荣发展作出贡献。

第二节　老兵精神的深刻内涵

2014年4月底，习近平总书记考察兵团时，亲切接见几位四十七团老兵代表。在第六师五家渠市召开的座谈会上，总书记饱含深情地说："去年12月，十四师四十七团9位老战士给我写了一封信，讲了他们对新疆和兵团的期待，体现了扎根新疆、热爱新疆、屯垦戍边的老兵精神，让我非常感动……党中央将一如既往重视和支持兵团发展壮大、支持兵团发挥好特殊作用！"

习近平总书记历来十分重视革命精神的传承和弘扬，在浙江工作时就曾深刻总结概括了"红船精神"并大力弘扬。党的十八大以来，习近平多次谈及中国共产党人的精神，强调要"筑牢信仰之基，补足精神之钙，把稳思想之舵"。深刻指出："人无精神则不立，国无精神则不强。精神是一个民族赖以长久生存的灵魂，唯有精神上达到一定高度，这个民族才能在历史的洪流中屹立不倒、奋勇向前。"[1]2013年11月上旬，习近平总书记在河北考察调研时曾高度赞

---

[1] 习近平：《在纪念红军长征胜利80周年大会上的讲话》，载《人民日报》，2016年10月22日。

第二章 老兵精神的科学内涵

扬和深刻总结概括了西柏坡精神。11月下旬在山东考察时又高度赞扬并深刻总结了沂蒙精神。2013年12月，习近平总书记接到十四师四十七团9位老战士的来信后，立即作了批示。2014年4月底，习近平总书记专程到新疆考察调研，对兵团也进行了实地调研，通过实地考察和深入思考，习近平总书记站在马克思主义政治家、理论家的高度，深刻总结概括了老兵精神的科学内涵：扎根新疆、热爱新疆、屯垦戍边。

习近平总书记提炼和概括的老兵精神这三句话抓住了老兵精神最重要的内容，揭示了老兵精神最本质的特征。这一概括既蕴含了共产党人革命精神的共性，即：不忘初心、牢记使命、热爱祖国、对党忠诚、艰苦创业、无私奉献、一心为民等。又突出显示了老兵精神不同于其他革命精神的特色和个性。这三句话是对老兵精神最科学、最准确、最精辟、最权威的概括。

这三句话是一个有机统一的整体。"扎根新疆"是老兵精神的主要特征，"热爱新疆"是老兵精神的核心和灵魂，"屯垦戍边"是锻造老兵精神的根基，也是老兵精神的具体体现和集中展示。"屯垦"就是艰苦创业，让戈壁荒漠变良田，发挥建设大军作用。"戍边"一是守卫祖国边防，防止和抵御外敌入侵；二是打击"三股势力"的破坏活动，维护边疆的社会稳定和长治久安，发挥中流砥柱和铜墙铁壁的作用。只有热爱新疆才能扎根新疆，只有扎根新疆才能完成屯垦戍边的使命。只有屯垦戍边，建设美丽新疆，才能更好地扎根新疆,更加热爱新疆。

这三句话语言朴实,群众喜闻乐见,体现了习近平总书记的语言风格,便于学习宣传和传承。

一、扎根新疆——老兵精神的行为特征

老兵精神产生于解放新疆和扎根新疆、建设和保卫边疆的革命实践中。扎根新疆是老兵精神最主要的特征。这一精神正是老战士在艰苦卓绝的南疆维稳戍边实践中奉献一生所催生的特殊精神力量,是军垦战士顽强生命意志力与新疆极端恶劣自然环境长期抗争较量的精神升华。

(一)一道命令,执行一生

1950—1953年,根据中央的军队整编命令,十五团整编为中国人民解放军新疆农业建设第一师三团三营,师部设在农一师。农一师党委因墨玉分场(即改编后的三营)办场条件局限性大,土地分散、零碎,水源奇缺,没有独立渠系,决定撤掉墨玉分场,人员全部迁往阿克苏沙井子。王震将军得知这一消息后迅速回电道:"十五团驻和田万不能调。"

一纸命令,彻底改变了老战士的命运,他们就此永远留在了和田,把根扎在团场,扎在了荒漠戈壁,默默地为维护和田地区稳定发展坚守了一辈子。现在很难想象老兵们在接到这道命令时,有着怎样的心情。但谁都清楚,执行命令、留在和田就意味着要留在边

第二章　老兵精神的科学内涵

疆、远离亲人和故乡，面对使命和乡愁、尽忠和尽孝的两难选择；意味着要舍弃在自然条件更好的内地或繁华安宁的大城市的生活。他们很多人都是历经革命战争生死考验，功勋卓著的老八路和战斗英雄，理应留在生活条件更好的地方，享受他们应得的荣誉。而老战士们以对党和人民的无限忠诚义无反顾地选择了执行命令，在新疆最荒凉、最原始、最困难的地方驻守下来，终生与大漠为伴。正如老战士们所说："我们是党的部队，党指到哪，我们就打到哪。共产党走到天边，我跟他走到天边。"朴实的话语令人非常感动和钦佩。

70多年来，沙海老兵们铸剑为犁，扎根大漠，开荒造田，屯垦戍边。用辛勤的汗水和满腔热血在认真执行这道命令，在茫茫沙海中铸就了对祖国的无限忠诚。

从1949年进疆，直到离休和离世，绝大多数老战士没有离开过和田。1994年，有兵团领导在慰问四十七团老兵们时，询问老战士们："你们回过老家吗？""没有。""你们坐过火车吗？""没有。""你们到过乌鲁木齐吗？""没有。"一连听到三句"没有"的回答，这位领导再也控制不了自己的感情，当场落泪了。他回到兵团后立即安排有关部门将老战士接到乌鲁木齐走走看看。当时，还能成行的只有17位老兵。兵团党委把他们安排在条件最好的徕远宾馆，房间里的许多设施老兵从没有见过。冲水的马桶，淋浴的喷头，怎么使用？床上铺的雪白的布单平整得没有一道褶子。他们不敢坐、不敢动……有的老战士甚至穿着衣服在房间的地上睡了一夜。

第二天，他们来到石河子广场王震将军铜像前。没有任何人组织，没有任何人命令，步履蹒跚的老兵们自动列队，排成一个方阵，用颤抖的手向将军庄严敬礼，向他们的老首长报告："报告司令员！我们是原五师十五团的战士，我们胜利完成了你交给我们的屯垦戍边的任务！扎根边疆，子子孙孙建设新疆。我们做到了。我们没有离开四十七团……"接着，老兵们扯开苍老而嘶哑的喉咙，唱起一首老军歌："走，跟着毛主席走……"歌声中，老人们泪水纵横，围观者也无不动容……

（二）献了青春献终生

自1955年农一师三团三营（原十五团）官兵留在和田，集体转业以来，他们发扬南泥湾大生产的光荣传统，"变战斗英雄为生产模范"，"由战场立功到生产立功"，把争做生产模范作为新的奋斗目标。在昆仑山下，在大漠戈壁，一手拿坎土曼，一手拿枪，满腔热忱地投入到屯垦戍边的新征程中，一干就是一辈子。当年他们都是20岁出头的棒小伙，如今，大多已被岁月带走，现健在的只有2位（留守在四十七团的有1位，1位住在乌鲁木齐市）。

选择扎根新疆，就意味着选择了吃苦与奉献。尤其在和田这样极其艰苦恶劣的环境中生产劳动，战士们为之付出了太多心血、汗水，甚至是生命。但他们怀着对党的一片赤诚之心义无反顾地坚守了一辈子。排长张友林当了水管员，机枪手王传德到山里当起牧羊兵，自学兽医技术，当了一辈子兽医；李炳清当了水库大坝的看守员；士兵杨世福在畜牧连当了一生的保管员；董银娃当了拖拉机手；

第二章 老兵精神的科学内涵

黄增珍,在连队赶了一辈子马车……当年横穿沙漠的老战士,大都在四十七团当了一辈子普通职工,和土地打了一辈子交道。

在这个集体中还包括1952年参军来到四十七团的山东和湖南的女兵们,她们也是沙海老兵中不可或缺的一分子。当年她们参军到大漠,大多数人与老兵结成夫妇,建立了家庭。不仅担起屯垦戍边的使命,同时也给大漠带来了温馨和爱情,带来生命的繁衍。为老战士们创造了一个个幸福美满的小家。可以说,她们是老兵们扎根新疆的坚强后盾。

还有的战士娶了当地维吾尔族女子成家,这样的家庭在四十七团有187户。成了家的老兵们把根深深扎在四十七团。也有个别的老兵终身未娶,以四十七团为家,终老一生。老兵们无论个人生活状况如何,他们都在四十七团奉献了一辈子。把曾经的战绩功勋深藏心底,坚守着信仰和信念,甘于平凡、甘于清贫地在边疆奋斗一生。

在团场开荒时,神枪手孙春茂被毒蜂子蜇死在大田里。老兵吴兴云,当时任二连副连长。一天夜里,他起床查看灌溉水渠。星光下,一个大洞在向外跑水,他跑步回到连队马号,用麻袋背了一袋草,跳下去堵洞。谁知这是一个地质塌陷的大洞,这一跳,他再也没有上来。长征的雪山、抗战的硝烟、进军和田的黑风暴,他都走过来了,但却没有走出这个浇灌土地的大洞。他就这样悄悄地走了……把自己的一切奉献给了祖国大地。

李春萍，1952年来自沂蒙老区的俊俏姑娘，是山东女兵的突出代表。来时她才16岁。那年浇冬水，大渠冲出一个大口子，她"呼啦"一下跳到齐腰深的渠里，用自己的身子堵口子。眨眼间，一渠清水变成红水，人们这才知道她正在生理期。当天她就发起了高烧。医生告诉她终生不能生育了。

　　1960年冬，场里抽调出1000余名强壮劳力修建昆仑大渠，在没有挖掘机和推土机等设备的条件下，全凭每人一把坎土曼，风餐露宿，日夜奋战。一连指导员董世清，身患肺癌，在严寒的冬天，他带病坚持在大渠工地指挥全连劳动。长达36里的大渠，仅用47天时间就修建起来。修渠刚完工，组织上送董世清同志到新疆医学院就医，没几天他就去世了，年仅32岁。

　　王交角，1944年参加八路军，穿越大沙漠时，他牵着骡子从阿克苏走到和田。开荒造田时，他驾驭着双骡双铧犁，一天一夜开荒几十亩。就这样在团里干了一辈子，直至离休。

　　老战士郭政，曾参加过陕西密县和解放甘肃酒泉的战斗，荣立过二等功。穿越沙漠进驻和田后，又跟随部队开进昆仑山修筑进藏公路（从于田县到西藏阿里）。1956年，郭政作为修路英雄到北京受到毛主席的亲切接见。回来依然默默无闻，有功不居，从不讲任何条件。当时团里要在戈壁滩上建一个果园。夏天他就跑到街上捡拾桃核、杏核，回来育苗，后来建成了一个12亩地的果园，职工称为郭政果园。他就这样在连队干了一辈子。

第二章 老兵精神的科学内涵

一个个鲜活的事例展现在我们面前,清晰再现了老战士们扎根大漠的艰难岁月。也真实感受到沙海老兵们乐观向上、朴实无华的人生态度。无论在激烈的革命战争年代,或是在艰苦创业的大建设时期,还是在改革开放的大发展年代,他们始终保持着昂扬向上的乐观主义精神和平实健康的生活态度,以大爱、朴实和坚守滋养出一片片生命绿洲。

在瞻仰老兵墓园时我们看到:从横穿沙漠的战士到后来各个时期的建设者都安葬于此。老兵张远发曾说:我们这些老兵生前都有约定,活着的时候,是一个战斗的集体,这个集体里有连长、指导员、副连长、副指导员、排长、司务长、战士、文书、通信员、司号员、炊事员。死了,仍然还是一个战斗集体,哪里也不去,就在"三八线"(四十七团老兵墓园别称),一个都不能少……如今,他自己也长眠于"三八线"。他们来自五湖四海,在此辛苦一生并终老于此。他们一身忠骨,生如胡杨,抗风斗沙,去世了,依然守望着这片绿色的防线。老战士们用自己的朴实无华和默默奉献,诠释着弥足珍贵的老兵精神。

(三)献了终身献子孙

六十载光阴转动,老兵们和新疆各族人民一起同甘苦、共欢乐,为边疆建设、边防巩固付出数不尽的艰辛和努力。无数老兵在这里先后逝去,他们把忠骨埋在了大漠,把忠诚献给了祖国。幸存的老兵依然伴着风沙,伴着胡杨,伴着他们用热血浇灌出的绿洲。许多老战士还要求自己的子女、孙辈也留在四十七团,继续完成屯垦戍

59

边的任务。四十七团第一任团长王二春曾参加过南泥湾大生产，参加过解放战争时期西北战场的瓦子街战役。1949年兰州战役后，他跟随十五团翻越祁连山进军新疆。在横穿塔克拉玛干大沙漠的壮举中，他是十五团三连连长。进驻和田后，他自1955年担任农一师前进总场墨玉分场（四十七团前身）场长，到1979年离休，一干就是22年，一直没有离开四十七团。无怨无悔地把自己毕生的精力都奉献给了这块土地。这中间有多次机会可以离开和田。刚成立农三师的时候，组织上要调他去当副师长，他不去。他说自己文化低没有水平，还因为他的战友都在四十七团；和田农垦局要调他去当局长，他也不去。刚离休的时候，很多人动员他回老家，他不愿意，他说老同志都在这，我回老家去干啥。后来兵团老干部局在五家渠市为他准备了一套住房，让他去那里养老，他也不去。1999年12月31日，他在和田地区医院去世，留下一句遗言：一定把自己埋在四十七团的"三八线"（四十七团老兵墓园）。

　　老团长王二春不但把自己的一生奉献给兵团，也将儿子王亚平永远留在了兵团。王亚平年轻时先后有7次当兵、高考、调干等离开四十七团的机会，都被老团长坚决地挡下了。他的理由是"全团的老兵都是我带过来的，其他人的子女可以走，我自己的儿女不能走，因为还有许多老兵的子女在团场、在戈壁滩"。就这样王亚平靠自己的努力从四十七团六连的农工逐步成长为十四师党委编办主任，一直到退休，都没有离开和田。

　　老兵王传德，来自安徽亳州，在十五团时，当过班长，在四十七团当过排长、副连长。他有4个儿女,至今还在四十七团工作。当时儿女们也要求王传德去找在地方当领导的老战友帮忙,把自己调离团场。王传德没有答应一个儿女。他说:"屯垦戍边是国家交给兵团的任务。我们这代人老了,干不动了,你们年轻人再都走了,开出的地谁种啊?组织调你们走,我没办法,让我找关系调走,没门!如果你们是怕苦怕累走,我就打断你们的腿。"如今,王传德的两个孙子和一个外孙,依照他的心愿,也留在这块他厮守了一辈子的土地上。

据不完全统计,老兵们的子孙大部分都留在了四十七团,留在了和田。这些老兵用自己的青春,用自己的热血,用自己的终生,自己的子孙,铸就了这段辉煌的历史,他们用头上的青丝染绿了团场那片片绿洲。更是锻造了老兵精神这一宝贵财富。

二、热爱新疆——老兵精神的情感基石

新疆位于祖国西北边陲,占据祖国版图的六分之一,陆地边境线5600多公里,周边与中亚八国接壤,在历史上是古丝绸之路的重要通道,现在是第二座"亚欧大陆桥"的必经之地,战略位置十分重要。新疆的稳定与发展,对于国家政权的稳固具有十分重要而深远的意义。新疆作为祖国领土不可分割的一部分,维护其稳定与发展,是每一个公民的义务与责任。

热爱新疆是老兵精神的核心和灵魂。老战士们扎根新疆,创业

戈壁荒原，为和田各族人民的根本利益和履行屯垦戍边历史使命献忠诚、献智慧、献青春、献终身，充分体现了老战士们为了国家利益而牺牲奋斗、坚持到底的精神和爱国爱民的情怀。毛泽东在1938年10月的《中国共产党在民族战争中的地位》一文中指出："爱国主义的具体内容，看在什么样的历史条件之下来决定。"同时更重要的是，热爱祖国不是仅以口号来表现，更是以行动来表明的。[①]老战士们听从指挥，抱着"祖国需要即我家"的朴素信念，甘愿到祖国最艰苦的地方坚守一生，用实际行动真实演绎了爱国情怀。正如1991年王恩茂指出：兵团人"保持和发扬爱国主义精神。……热爱祖国和热爱新疆是完全一致的"。

（一）热爱新疆就是热爱祖国

强烈的保边守土意识是三五九旅的传统，也成为全体进疆指战员进军新疆、保卫新疆、建设新疆的强大动力。进疆部队在甘肃酒泉集结动员时，王震将军指着地图向大家说："新疆这一大块地方占全国六分之一，帝国主义正在策划阴谋，想把它同祖国分开。如果这一大块地方被搞走了，我们的国家还成什么样子！"[②]战士们听完之后群情激昂，表示再苦再难也要尽早进军新疆，捍卫祖国领土完整。

中国人民解放军进军新疆之际，由于缺少汽车和飞机，大多数

[①] 赵柳成等著：《中国共产党的屯垦戍边思想研究》，新疆生产建设兵团出版社2013年版，第277页。
[②] 王崇久、王瀚林编：《兵团精神》，新疆生产建设兵团出版社2014年版，第42页。

第二章 老兵精神的科学内涵

官兵都是靠徒步进驻各地。在王震的号召下,由三五九旅直接改编的步兵五师于1949年10月12日从酒泉徒步出发,经49天的长途跋涉才抵达阿克苏。其间,还先后完成了哈密、焉耆和库车等地的平叛,一路上极度疲劳。然而,当得知一小撮不甘心失败的国民党反动分子和穆罕默德·伊敏①的残余势力,相互勾结,密谋在和田发动武装暴乱的紧急情况后,五师十五团指战员没有来得及休整,又立即向和田进军。

当时,从阿克苏进入和田有三条路线,一条是沿迪(化)和(田)公路经喀什、莎车到和田;另一条是过巴楚顺叶尔羌河到莎车,再到和田;第三条是从阿瓦提县沿着和田河穿越塔克拉玛干沙漠直奔和田。前两条路都是大道,沿途有人有水,行军方便,但要绕行多走十几天。②第三条路可以减少三分之一的路程,节省十几天时间。为了抢夺战机,早日解放和田,战士们毅然选择了无路之路——横穿大漠,直取和田。塔克拉玛干,维吾尔族语意,是走进去出不来。作为世界第二大流动沙漠,有着各种神秘的传说,人称"死亡之海"。战士们明知道塔克拉玛干的意思是走进去就出不来,

---

① 穆罕默德·伊敏,汉名毛德明,新疆和阗(今和田地区)人,维吾尔族。泛突厥主义分子,"民族革命委员会"与"东土耳其斯坦伊斯兰共和国"的建立者之一。后加入中国国民党,为中央监察委员。1946年被国民党政府委派回新疆,出任新疆联合省政府委员兼建设厅厅长。1948年12月,担任新疆省政府副主席。他利用合法身份在南疆和田等地公开宣传和鼓动分裂思想,并组织武装策划了多起叛乱活动。新中国成立后,流亡印度。1964年,病死于土耳其。
② 朱培民、王宝英著:《中国共产党治理新疆史》,当代中国出版社2015年版,第44页。

但他们更知道，自己的使命，是一定要走出"死亡之海"，似尖刀直插和田，尽早解放和田。正如老兵王传德在回忆这段经历时说："当时的想法就是不管是瀚海也好，死亡之海也好，就是火海我们也要冲进和田去。"

1949年12月5日，在副政委黄诚、副团长贡子云率领下，十五团主力部队1803名指战员从阿克苏出发，踏上了艰苦的征程。他们穿过胡杨林，越过干涸的湖泊，进入浩瀚沙海的无人区，全团指战员以坚韧不拔的革命意志，同流沙、风暴、干渴、严寒搏斗，①历尽千辛万苦，战胜了难以想象的艰难险阻，在飞滚的流沙上踏出一条生命之路。沙漠里强行军，在我军历史上是第一次。十五团的官兵在千里无后方补给的沙漠里，靠一条消失在沙漠中的古河道，闯出一条前人没有走过的行军路线。拥有世界上最细小沙粒的塔克拉玛干曾因扬起的沙尘，吞噬了楼兰古城、尼雅文化，也使众多的探险者葬身茫茫沙海。这一场前无古人的穿越，英雄脚步的豪情，伴随着艰辛的泪水。出发当日，十五团官兵高唱着战歌向沙漠开进。在沙漠行军，沙层松软，脚使不上力，战士们走一步退半步，每个人还背负着六七十斤的装备。这样的重荷，每天还要行军百里。就如有些老战士回顾那段经历所说：那个苦无法想象。但是他们没有屈服和害怕：沙漠中黄沙蔽日，根本无路可循，战士就凭着指北针和侦察连点燃的篝火摸索着向前走；沙漠里沙层松软，战士们负重

---

① 朱培民、王宝英著：《中国共产党治理新疆史》，当代中国出版社2015年版，第45页。

第二章　老兵精神的科学内涵

行军很吃力，他们就改变行军队形，不是纵队，而是一字排开横着向前走，这样人人走的是新路，不会出现沙坑，省力省劲，行军中战士还相互讲笑话讲故事。他们也没有懦弱和退缩：喉咙冒火，没水解渴，嘴唇干得裂成了血口子，他们就含上一口马尿，润润嘴唇。偶尔发现马蹄印里有水，赶紧用毛巾沾上点湿湿嘴唇，接着向前走；马垮了，他们扛起小炮，背起电台，照旧向前走；脚烂了，他们裹一块破布，咬一咬牙根，你搀上我，我扶上你，还是一股劲地向前走。他们更没有忧伤和抱怨：在进入沙漠的第10天上午，部队遇上了可怕的沙尘暴。狂风大作之际，飞沙走石，黄沙滚滚，整座沙丘都被吹动。战士们坚持继续前进，风沙打得人睁不开眼睛，站不稳脚。沙砾打在脸上就像用一张砂纸在搓，生痛。每个人脸面、耳朵、鼻坳里……浑身上下全被沙粒塞满了，呼吸都困难。但是大家仍手挽手地抗击着风暴前进，那天他们走了110里。但一营二连的排长李明不幸被沙尘暴掩埋而光荣牺牲。部队好不容易走出沙漠腹地，到了距离和田200公里左右的肖尔库勒。大家正准备好好休整一下，此时和田方向传来情报，一小撮反动分子已经准备立即发动暴乱。大部队顾不上吃饭，昼夜兼程直奔和田，只用原计划一半的时间就到达目的地粉碎了反动分子暴乱的阴谋。

部队到达和田时，当地老百姓都不敢相信，说是神兵天降。这样的穿越已经足以震慑敌人，使反动势力意识到这样的军队是不可战胜的。所以没有开一枪便解放了和田。这次军事行动，历时18

天，行程790多公里。塔克拉玛干沙漠被称为"死亡之海"，第二军第五师第十五团徒步横穿塔克拉玛干大沙漠，是人类历史的一大壮举。1949年12月25日，彭德怀、习仲勋致电第十五团，称赞他们创造了史无前例的进军纪录，特向艰苦奋斗、胜利进军的广大指战员致敬。[①]当得知解放军进军和田后，遥在北京的毛泽东浮想联翩，欣然命笔将进军南疆一事入词："一唱雄鸡天下白，万方乐奏有于阗，诗人兴会更无前。"

选择穿越塔克拉玛干大沙漠，都知道很可能进去出不来，但官兵们为了第一时间完成平叛，尽早解救和田各族人民，无畏艰险，依然前往。而且，以顽强的连续作战精神，一路上风餐露宿，急行争取时间，不仅长时期挑战恶劣的自然环境，还义无反顾地挑战各自体能极限。是解救人民于水火的急切和必胜的决心，才演变成战士们克服艰难险阻的信心。而这种壮举，又是沙海老兵爱国、爱疆、爱民的生动体现和见证。

无论是横穿大漠、解放和田，还是屯垦戍边，全体指战员饱含爱国之情、为民之愿，不怕牺牲，历经千难万险，依然冲锋在前。这正是老兵精神的核心所在。在长期的屯垦戍边实践中，老兵们已把这一精神具体表现为对新疆的热爱、对团场的热爱、对自己生活的热爱，坚信热爱劳动、建设新疆，就是热爱祖国、建设祖国。

[①]新疆生产建设兵团史志编纂委员会：《新疆生产建设兵团发展史》，新疆生产建设兵团出版社2011年版，第16页。

第二章　老兵精神的科学内涵

（二）热爱新疆就是热爱各族人民

1949年7月初，王震司令员给六师师长张仲瀚说：西北野战军可能分成两部分，一部分打到新疆去，一部分在贺龙率领下进取西南，前者是戈壁沙漠，后者是著名的"天府之国"。问他是愿意去新疆还是愿意去四川。张仲瀚说："何去何从，由组织决定。但从战后的建设看，新疆是亟待开发的地方，那里的少数民族兄弟也亟需汉族人民帮助。不管新疆之行多困难，新疆之战多残酷，我宁愿穴居野外去开垦荒地，让戈壁变绿洲，而不愿到富饶的四川盆地去吃现成饭。"①张仲瀚铿锵有力的话语，表达了进疆部队官兵的心声。

1. 让利于民

按照部署，十五团进军和田，严格遵循"坚决不与民争利"的原则，始终牢记毛主席"为各族人民多办好事"的指示，坚持全心全意为人民服务的宗旨，走到哪里就把好事做到哪里，真心帮助各族群众解决生产生活上的困难，从政治经济文化上帮助和田贫苦人民翻身解放，当家做主人。

解放和田后，十五团一营进驻于田，代管策勒、民丰；二营一部驻和田，一部驻洛浦；三营进驻墨玉县。根据上级指示，部队迅速抽调干部到各县建立地方政府机构，组织减租反霸和土地改革。推翻了压在和田各族人民头上的巴依老爷，使他们摆脱了剥削阶级的压迫，翻身做了主人。

---

① 王崇久、王瀚林编：《兵团精神》，新疆生产建设兵团出版社2014年版，第42页。

为尽快改变和田人民贫困落后的局面,十五团战士到达和田的第二年就开展了大生产运动。1950年初,和田街头,春寒料峭。十五团团长蒋玉和和妻子背着筐子在马路上带头捡粪,为开春后的大生产做准备。这位曾骑马率兵绕城飞驰、大张军威吓坏反动派、浑身是胆勇赴"鸿门宴"、力挫叛乱阴谋的蒋团长的行为令当地维吾尔族老百姓大为震惊。不仅他在捡粪,他的士兵们从民丰、策勒、于田到墨玉,开进荒原开荒修渠。当地群众对部队有了新的认识,即:这支汉人军队与过去的汉人军队完全不同!这是共产党领导的各族人民的子弟兵。他们不与民争利,绝大部分地都是战士们用坎土曼、人拉犁开垦出来。碱滩上,杂草遍地,土壤硬如铁,缺少生产工具、缺少种植技术。但即使条件再恶劣也打不垮战士们开荒的决心。他们住地窝子,喝黑泥水,6人一犁,每天劳动13小时,一天开荒20亩,硬是在沙漠边缘开出4.5万亩绿洲良田。1953年,部队将在各县开垦的3.5万亩土地无偿交给地方群众。据老兵回忆当时的情景说:维吾尔族老乡非常感动,跪在地里,双手捧着泥土,高声喊着"共产党万岁,解放军万岁"。

当时于田县的贫苦农民库尔班·吐鲁木为摆脱被剥削、被奴役的生活,带着妻子逃到荒漠里,靠吃野果活了下来。后来妻离子散,他孤身一人度过了17年的野人生活。库尔班·吐鲁木的妻子先后生了12个孩子,只有4个孩子活了下来。解放前夕,他家除了仅有的一条破毡子、一把破铜壶外,别无他物。1949年12月,十五团指战

第二章　老兵精神的科学内涵

员进驻于田县，在一片树林里发现了衣衫褴褛、披头散发的库尔班。战士们把他带回村里，给他安顿了住处，还帮他找到了离散的妻子阿西罕和已经十几年没见过面的女儿阿娜尔罕。1952年9月到1953年12月，十五团抽调80多名干部，开展减租反霸、土地改革。库尔班·吐鲁木分得14亩耕地、一座房子和一头毛驴。69岁的库尔班·吐鲁木与和田其他老百姓一样第一次拥有了自己的土地，第一年就获得了丰收，家人能吃饱饭了。库尔班·吐鲁木的乡亲们也和他一样当家作主，真正得了实惠，过上了幸福美好的生活。部队战士的一言一行、所作所为让边疆少数民族群众认识了解放军，相信了共产党，他们发自内心地感谢共产党，感谢毛主席。朴实的翻身农民库尔班·吐鲁木禁不住萌发了要骑着毛驴不远万里到北京去看望毛主席的强烈冲动，成为世代传颂的佳话。

在自治区党委书记王恩茂的关心下，1958年6月28日，库尔班·吐鲁木随新疆优秀农业社主任和劳动模范赴京代表团来到中南海见到了毛主席，实现了自己的心愿。当时原农一师农三团（现四十七团）政治处主任彭汝为同志也是代表团成员之一，有幸见证了这一历史性时刻。在与毛主席等国家领导人合影时，库尔班·吐鲁木仍一刻不停地盯着毛主席看，脸上流露出感恩党感恩毛主席的深厚感情，令彭汝为十分感动。

2.造福于民

四十七团与墨玉县八乡一镇穿插接壤，在几十年的共同发展中，老战士们始终从维护社会稳定和增进民族团结的大局出发，通过大力宣传党和国家的政策、为各族群众大办好事、支援地方经济建设，千方百计造福当地群众，大大增强了当地的民族团结。团场充分发挥技术优势，经常主动为地方上的农民和技术人员传授先进农业技术，为他们解决技术上的难题。团医院常年组织医疗队下乡巡回诊疗，深受当地少数民族群众的欢迎。1990年以来，团配电所免收邻近乡村电力增容费，免费为邻村修理、修复电动机、变压器，免费为乡村培训电工，无偿为柯其乡、喀尔赛水场架设高压线。随着配电所电力扶贫的实施，不仅解决了邻近乡村磨面难、照明难的问题，还带动了村里小工业、小作坊（林木加工房、铸造厂、电焊氧焊部、机电修理部）等工副业的发展。

2002年，四十七团在修筑北墨公路时，为加强兵地经济融合发展，普惠周边老百姓，促进共同脱贫致富。将公路沿墨玉县北缘的喀尔赛乡、阔依其乡、普恰克其乡延伸了12.1公里，把墨玉县和四十七团紧紧地串在了一起，使墨玉县3个乡近6万老百姓受益，极大改善了沿线的交通，方便了兵地职工、农民群众的生产和生活。多年来四十七团把民族团结工作当作一件大事来抓，取得了显著成绩，1999年被国务院命名为民族团结进步模范单位。一部分老兵还与当地的维吾尔族群众组成了家庭，成了名副其实的一家人。习近平总书记指出："新疆的问题，最难最长远的还是民族团结问题。"60多年来，四十七团的老兵们像爱护眼睛一样爱护民族团结，像珍视自己的生命一样珍视民族团结，像石榴籽那样紧紧抱在一起。为边疆各民族团结作出重大贡献。用他们的青春、热血和生命诠释了爱国爱民的高尚情怀。

三、屯垦戍边——老兵精神的价值灵魂

"屯垦兴,则西域兴;屯垦废,则西域乱。"自西汉武帝屯垦眩雷（今伊犁河谷），首开屯垦戍边事业。历史上，每个朝代都把屯垦戍边当成开发新疆、巩固边防、促进经济发展、维护民族团结的重要举措。[1]屯垦戍边是中国几千年开发和保卫边疆的历史遗产。也是国家赋予兵团的职责。兵团的"屯垦"，以现代农业开发为基础，同时大力发展第二、第三产业，着重保护和改善生态环境，促进新疆的社会进步与民族团结。兵团的"戍边"，一方面守卫国家边防，另一方面维护国家统一和新疆社会稳定，防范和打击恐怖势力的犯罪破坏活动。[2]60多年来，几代兵团人白手起家，艰苦奋斗，忠实履行着国家赋予的屯垦戍边的光荣使命，老战士的一生就是履行屯垦戍边使命的一生。老兵精神正是老兵们在特定地理环境下长期屯垦戍边实践所凝练出的一种特有的心态和品格。屯垦戍边是锻造这一精神的根基，也是这一精神的生动体现。

（一）垦荒造田，发展生产

1950年3月，十五团遵照军区的命令，开展了轰轰烈烈的大生

---

[1] 罗全：《沙海老兵精神的时代内涵》，载《兵团日报》，2018年4月12日。
[2] 中华人民共和国国务院新闻办公室：《新疆生产建设兵团的历史与发展》，人民出版社2014年版，第5页。

产运动。十五团全体指战员本着不与民争利的原则、为各族人民大办好事的宗旨和南疆布防需要，挺进并屯驻在远离村庄的沙漠边缘地带，在本被视为生命禁区的塔克拉玛干沙漠边缘驻扎垦荒。不占群众一分田，戈壁滩上建花园！

为解决生产工具的不足，干部战士搜集从国民党手中缴获来的报废吉普车和废旧钢铁锻造铁锹、镰刀、坎土曼等生产工具。有的单位耕畜不足，就用十几人拉一张犁翻地。全团战士披星戴月，吃住在地头，每天劳动十二三个小时，很多人手上打满血泡，仍然坚持开荒生产。当时最艰巨的任务要数开荒。尤其是杂草丛生的盐碱滩，土壤坚硬似铁。一坎土曼挖下去，只有五六厘米深。没有几下，坎土曼就卷刃甚至砍秃了。每个战士都准备一块石头放在身边，坎土曼卷刃了，就用石头砸平；秃了，就用石头打磨快。一天下来，不少干部、战士的手打起了血泡，磨破了，扎心得疼，坎土曼的木柄上血迹斑斑。血多了又会黏手，战士们就每天早晨到河边去洗，成千上万的坎土曼插在河里，染红了汨汨流淌的河水，可从未有人叫苦叫累。

那时生活非常艰苦。因筹集资金购买种子和工具，部队从每年供给两套军装改为一套，鞋子、袜子全部自己解决。为节省布料，还把帽子去掉帽檐，衬衣去掉翻领，军装上的口袋由四个减为两个。战士们光着脖子在地里劳动，成为一时奇景。炊事班4个月没有买菜买油，更谈不上买肉。每顿饭就是盐水辣椒面就窝头、盐水煮黄豆、煮苜蓿汤等，很多战士患了夜盲症。经过努力，全团当年开垦荒地2.3万亩，实现粮食自给7个月零16天。在这一过程中，充分展现了部队艰苦奋斗、不怕困难、为民服务的优良传统，让和田百姓认识了人民解放军，从而也认同了共产党。

（二）艰苦创业，建设现代农场

解放初期的和田地处偏僻，交通闭塞，民生凋敝，三面环沙，生态恶化，自然灾害频发。每年沙尘暴、扬沙和浮尘天气多达200多天。到过和田的人都知道这样一句民谚："和田人民苦，一天半斤土，白天吃不够，晚上再来补。"据《四十七团志》大事记记载：1952年，5—6月，二营遭受两次风灾，2034亩棉花绝收。1955年4月12日，遭受沙尘暴袭击，田间表层5厘米厚土壤被刮走，全场棉花等农作物损失惨重。1964年5月，七级大风沙袭击团场4次，农业生产损失严重，棉花先后3次补播。1969年5月，一场特大风灾袭击团场，刮倒了树木、玉米，掩埋了花生，棉花，沙厚40厘米，持续3天3夜，农业损失惨重。1986年5月18日，一场罕见的狂风沙尘暴袭击团场，棉花4076亩绝产，其他农作物也不同程度受到损失，输电线路被毁，通信中断，房屋倒塌、树林连根拔起，直接损失1500万元。这样的记录几乎每年都有。

屯垦初期，生活条件非常艰苦，全团职工都住在"下面顶着四根棍，上面铺着芨芨草"的地窝子。1982年五连打出第一口淡水井，全团结束饮用盐碱滩河水的历史。1983年架通一、二站地区输电线路，结束油灯照明历史。

面对这样一种环境，变战斗英雄为生产模范，绝不是一句简单的口号。无法想象战士们在垦荒造田、建设新家园的过程中会经受怎样的艰难辛苦，但他们依然在这片土地上守了一辈子甚至几辈子。

老团长王二春在回忆这段经历时说：我们这支走南闯北东征西战的部队什么苦没吃过，可在这地方吃的苦又不同以往。建场初期的一年春天，由于人多水少，战士们与当地维吾尔族群众合用的一口涝坝很快见底了，为了坚持生产，曾定量供应掺和着枯草败叶的黑泥水。当时分给战士的洗脸水，每天只能洗了澄、澄了洗，天天出工回来一身泥、一身土，也只好将就点。十天半月见不着油星是常有的事儿。大部分战士因为怕耽误生产，经常都吃住在地头。挖地时困了，躺在地边呼呼地就睡着了。一觉醒来，有时着凉感冒了，翻块地，出身汗就好了。

老战士王传德，1949年随部队横穿塔克拉玛干大沙漠，解放和田后，他成为一名屯垦戍边的军垦战士，在四十七团一干就是40多年。离休后，他从画报上剪下两幅图画，张贴在客厅墙壁中央，一幅是"军垦第一犁"，一幅是联合收割机在麦海中驰骋。王传德不善言谈，只是说："我们就是这么走过来的。"

老战士张远发，他把一挺机枪从阿克苏扛到和田。在大生产运动中又被誉为"坎土曼大王"。他嫌部队发的坎土曼太轻，自己掏钱打了一把3公斤重的坎土曼，一直用了15年。他开荒种地一人顶三人，一天挖花生4亩至5亩。秋收拾棉花也是第一名，一天能拾100多公斤。拾棉花、大会战、开荒地、修大渠，他处处都是先进，广播上越表扬，干得越有劲。张远发的军功章多，奖励的瓷缸、毛巾、背心更多，有一次团里有四对新人结婚，他一下送去4件背心。

战士杨生芳，部队转业后，他在劳动时把一只胳膊弄断了，只有一只手，但是他和其他战士一样参加劳动，用一条胳膊推车、轮坎土曼……和别人比着干，大家都叫他"独臂英雄"。

1952年参军来四十七团的山东女兵邢桂英在回忆屯垦戍边初期的那段历史时，她说："累呀，累得你一辈子都忘不了。"她的一双手手指弯曲、骨节突出、粗糙如砂纸。她说我们四十七团退休女职工的手都是这样的，我们累到骨头里去了。

这些生动的事例真实反映了老兵们屯垦戍边的生命历程，也充分展示了老兵们勇挑重担，无私奉献的精神风貌。老兵精神就蕴含在老战士屯垦戍边的全过程。

（三）维稳戍边，为国分忧

和田地区历史上民族分裂主义分子活动比较猖獗。据统计，从新疆和平解放初期到1957年，民族分裂分子先后在和田地区组织策划了大小40多次暴乱，分裂与反分裂斗争尖锐复杂。

60多年来，四十七团作为一支不列入军队编制、不穿军装、不拿军饷的农垦部队，始终不渝地站在打击民族分裂活动的最前沿，承担着维护和田地区稳定、打击民族分裂的重要任务。在20世纪50

年代，四十七团多次平息阿不都依米提（老牌民族分裂主义分子）组织策划的反革命叛乱。1956年3月9日，在41名暴乱骨干的煽惑下，800多人对昆仑农场一、二、三队营地实行全面包围攻击。团党委组织民兵奋勇反击，平息了叛乱，抓获匪首巴海等6名匪徒，当场击毙5名匪首骨干，并缴获9辆汽车和无数大头棒、斧头等凶器。匪首阿不都依米提也于1959年4月4日被捕获归案。1960年，团场民兵组织进一步加强。多次参加和田地区军事活动，成为稳定和田的一支重要力量，多次受到上级单位表彰。

2000年1月4日，墨玉县发生抢枪事件，十四师立即组织125名民兵根据指示协助武警和国防部队参加平暴，民兵们在零下20摄氏度的严寒中，啃干馍，喝凉水，风餐露宿，执行设卡堵截任务。经过4天的战斗，成功平息了暴乱。受到自治区、兵团、和田地委领导的嘉奖。

60多年来，老战士们放弃个人的安宁和幸福，不远千里来到边疆，扎根边疆，自觉承担着开发建设边疆、维护边疆稳定的职责，表现出勇于承担、为国分忧的精神品质。不仅推动了屯垦戍边事业的发展，也凝练出老兵精神这一宝贵精神财富。屯垦戍边，是使命和责任，也是老兵精神的具体体现。通过这四个字可以清晰地看到老战士们一生的努力、奋斗、奉献、牺牲、顽强、拼搏……

第三节　老兵精神的实践体现

老兵精神是产生于我国边疆地区、服务于党和国家赋予的屯垦戍边神圣使命的重要精神，是和田大漠的军垦战士在长期屯垦戍

第二章　老兵精神的科学内涵

的斗争实践中用血汗凝成的最宝贵的精神财富，它与新中国的屯垦历史紧密相连，是兵团人真实生活的反映，具有相对独特而丰富的表现。

一、执行命令，铁胆忠诚

执行命令，铁胆忠诚具体体现在：坚决执行上级命令不打一丝折扣；命令到哪里就毫不犹豫地到哪里，并始终以国家和人民的利益为最高利益。执行命令，铁胆忠诚是老兵精神的灵魂和旗帜。也是老兵精神最基本的思想内核，是老兵们不断取得胜利的力量源泉，它始终鼓舞着广大军垦战士。

老兵们所在的四十七团曾是王震率领的、历经新民主主义革命战火洗礼的、有着三五九旅光荣传统的人民解放军进疆部队。服从命令是军人的天职，沙海老兵们坚定发扬解放军服从命令、行动听指挥的作风和对党忠诚的政治品质，始终坚守着无比忠诚、无比坚定的革命信念。展示了"对党忠诚"的誓言，铁胆忠诚，立场坚定，坚定不移跟党走，尽心竭力为国家。在任何时候、任何情况下，老战士们从未动摇过。在面对各种困难时，老兵们讲得最多的话是"只要跟党走，一定能胜利"。当年战士们勇敢克服狂风、沙尘暴、饥饿、干渴等巨大困难，横穿大漠，在流沙上踏出了一条生命之路，靠的就是忠诚坚定的革命信念。有战士当时在日记中写道："沙了路，软又软，走一走，闪一闪，我们是铁打的队伍铁打的班，不怕艰苦和困难。受这苦难为谁个，和田人民见青天。"这段充满革命乐观主义的话语，正是战士们铁胆忠诚的生动写照。

这些历经革命战争生死考验、为党和人民立下卓越功勋的老红军、老八路、老战士，在革命胜利后，并没有留在安宁的内地、繁华的大城市、留在亲人的身旁享受他们应得的荣誉，而是遵照党和军队的命令，怀着对党、对国家的忠诚，留在离故乡万里之遥的新疆，来到新疆和田这个最荒凉、最原始、最困难的地方驻守一生，成为为国戍边、不拿军饷、不穿军装、不要国家和人民负担、永不转业的兵团人，白手起家、艰苦奋斗，默默地为全国、为新疆各族人民的安宁幸福继续战斗着。他们把人民军队执行命令、对党忠诚的革命精神传到了团场，并使之进一步升华为老兵精神。

二、不怕困难，艰苦创业

艰苦是成事之本，奋斗是胜利之师。艰苦奋斗是拼搏精神，是战胜一切困难的英雄气概。"不怕困难、艰苦创业"是沙海老兵的特殊品格，是老兵精神的精髓，它体现了不管在什么困难条件下，都能自力更生、坚韧不拔、艰苦奋斗、顽强拼搏的良好精神风貌。展示了老兵们积极进取的人生态度和人生追求。

解放初期的和田，可以说是一穷二白，到处是贫瘠的土地和光秃秃的戈壁滩，没有现代工业，缺少基础设施，只有零星散布的绿洲农业，各族群众生活水平极度低下。同时历史上当地封建统治者

第二章 老兵精神的科学内涵

极力制造民族对立和宗教仇视,国内外敌对势力和民族分裂势力、暴力恐怖势力及宗教极端势力等"三股势力"一直图谋分裂新疆、破坏新疆的发展,使和田面临着复杂的社会稳定和发展的矛盾。面对和田恶劣的自然条件和生存环境,面对当地经济的孱弱和"一穷二白"的社会现实,英勇顽强的十五团战士并没有被吓倒。他们继续发扬革命战争年代那么一股劲、那么一种拼命精神,以忘我的劳动和不怕牺牲、敢于吃苦、勇于奉献、勇往直前的战斗精神和创造精神,以"越艰苦,越光荣""没有条件创造条件也要上"的大无畏气概,用勤劳的双手,克服了难以想象的困难,担负起了开发边疆、建设边疆、保卫边疆的重任。他们一手拿枪、一手拿镐,在大漠边缘、风头水尾,战风沙、斗盐碱,住草把房、喝涝坝水,人拉肩扛、白手起家,开垦荒地、植树造林、剿匪平叛、屯垦戍边,大规模改变了和田的面貌,创造了令人难以置信的奇迹。

在和田大生产初期,生产条件相当艰苦,生产设备十分短缺。有老战士回忆说,开荒初期,条件艰苦,物资匮乏,经常吃不饱肚子。每人分给一大片荒地,早上天不亮就下地,一天十几个小时不停地干。傍晚收工回来经常连住的地方都找不到了。那时,大家住的都是地窝子,看上去都是一样的土堆堆。每天晚上回到宿舍门口,战士们都要先"自报家门",生怕走错了。为发展生产,战士们通节衣缩食,省下自己的口粮(每人每天节约粮食2两)作种子以保证播种。他们将南泥湾精神自力更生、艰苦创业、自给自足的垦荒经验运用到和田的大生产当中，既解决了自身的温饱问题，还支援了地方经济的恢复和发展。随后又组建了国营农场，有力地推动当地经济的快速发展。使从古到今都无人涉足、没有垦种过的荒野戈壁，变成了一个个充满生机的居民点、农场、城镇和绿洲。营造了和田各族人民团结和睦、边疆同守、资源共享、共同富裕的良好局面，书写了创世纪的辉煌篇章。这些不朽业绩，展示了沙海老兵高尚的精神状态和对和田特殊环境的高度适应性，赋予兵团人敢于面对任何艰难困苦考验、善于适应各种特殊复杂环境的非凡精神品质。60多年来，兵团的事业从无到有，从小到大，兵团发展的每一步都浸透着兵团人辛勤与汗水，更孕育了兵团人艰苦创业的丰富内涵。

三、民族团结，兵地融合

习近平总书记指出："兵地融合是兵团作为新疆组成部分的重要体现，也是发挥兵团特殊作用的重要途径。"而民族团结是各族人民的生命线。新疆是多民族聚居地区，民族团结是国家统一和新疆社会稳定的最长远的根本问题。兵团60多年的建设发展史，就是一部不断深化兵地融合、促进民族团结的发展史。60年来，老兵们所在的师团始终牢记职责使命，主动服务新疆大局、融入新疆社会，积极参与地方经济社会建设。团场职工群众长期与地方各族群众毗邻而居、和睦相处、守望相助，构成各族群众交往交流交融的社会发展模式，有效促进了当地的民族团结和兵地融合。

第二章　老兵精神的科学内涵

"民族团结、兵地融合"是老兵精神的鲜明特点。彰显了南疆和田的军垦战士们在战胜千难万险的困难和挑战中，在少数民族聚居区所形成的水乳交融、血肉相连的兵地职工群众的深厚情谊，民汉一家、各民族一家、团结互助的社会主义民族关系，蕴含着人民军队的优良传统、兵团职工与地方群众融洽亲和的深厚情感，充分展现了兵地团结如一人和民族团结如磐石的力量传承。

在解放初期，老兵们和一批批有志青年满怀着"到边疆去、到祖国最需要的地方去"的豪情，满怀着"为祖国站岗放哨"的骄傲，满怀着"为边疆各族人民服务"的热诚，从五湖四海汇聚到和田，从繁华的城镇落户到荒凉的边关戈壁。他们把为新疆各族群众大办好事作为终身的价值追求，以实际行动把维护民族团结、促进兵地融合化成代代相传的珍贵基因。十五团进驻和田不久，即抽调干部到各县开展减租反霸、土地改革等工作，尽早帮助和田各族人民摆脱受剥削、受奴役的苦日子，并拥有了属于自己的土地。同时部队开展了轰轰烈烈的大生产运动，实现自给自足，也减轻了人民负担。地方群众亦把坎土曼、犁、耕牛等生产工具借给部队使用。1953年春，部队整编，将开垦的3.4万亩耕地无偿交付当地农民。到墨玉县重新建场。由于四十七团建团初期是以"维护和田稳定、制止民族叛乱"为宗旨，团部驻地与墨玉县的柯其乡、雅瓦乡、喀尔赛乡等八乡一镇穿插接壤，零星分布呈"三大片、七小块"，每片相距18—20公里，形成了"点多面广、民汉大杂居、小聚居"的地理分

81

布特点。该团土地除第一、二、三连土地系没收地主的土地外，其余土地均系军垦战士一手拿镐、一手拿枪辛勤劳动开垦出来的。四十七团与墨玉县各乡镇有着密切的联系。团场职工与地方各族群众同走一条路，同饮一渠水，互相帮助，互相支持，不断增强交流融合，结下了深厚的友情。形成各族群众团结和谐的良好局面，同时也推动了兵地融合的深入发展。1955—1964年，四十七团无偿支援地方耕地200公顷（原三连开的土地让给柯其乡再盖村）援助忙来乡、普恰柯其乡修2座干渠闸，从资金到技术指导都由团场承担。20世纪60年代以来，四十七团每年定期派出技术人员帮助墨玉县五一公社、普恰柯其、吐外特、卡尔赛、忙来等公社、生产大队进行棉种处理、播种、田管及轧花等工作的技术指导，无偿支援优良饲草给当地农民解决牲畜草料等。四十七团医院为地方人民群众治病，并经常同各公社医院在技术、药品等方面进行交流。四十七团医院多次被授予兵团、师、局级民族团结先进单位称号。20世纪70年代初，四十七团为规划和改造土地，让给吐外特公社现成果园40亩、荒地108亩、林带5亩。帮助公社建立果园梨园10公顷，并进行技术指导。此外四十七团机修连和农业连队农机作业站经常帮助公社修理拖拉机和配制农机具，每年达170多次。随着各民族关系的不断融洽，有许多1949年进疆的老同志和1959年进疆的支边人员，同当地少数民族群众结婚，家庭关系良好且稳定，他们的后代已成为团场的第二代接班人，年轻一代民族间婚姻情况也较普遍，反映了

第二章　老兵精神的科学内涵

当地融洽和谐的民族关系，成为当地民族团结的一道靓丽风景。

改革开放初期，农十四师所辖各团场与周边县、乡（镇）交流合作进一步加强。各团场同驻地所在乡、镇、村定期开展技术、文化等方面的活动。四十七团和皮山农场每年种植数万亩的棉花，每到秋收季节，乡村领导就动员大量村民帮助连队拾棉。从20世纪80年代初至2000年，地方村民和学生总计帮团场拾花300多万公斤。1990年，四十七团帮助柯其乡修石子路5公里，修桥1座，被命名为团结桥、友谊桥。1994年，四十七团让给柯其乡成材林1个，经济价值8万元。这段时期，兵地之间不断加强团结、互相帮助、共促发展，形成良好的民族团结、兵地融合发展的氛围。1986年后，四十七团、皮山农场、一牧场已多次被上级授予民族团结先进集体。1999年四十七团荣获全国民族团结进步模范单位。

新时期，十四师党委将支持地方建设，为和田各族人民谋利造福作为履行屯垦戍边使命的重要内容。以"增强团结，促进稳定、携手共建、融合发展"为奋斗目标，结合实际，与和田地区相关部门、驻和部队签了兵地共建、双拥共建协议书。十四师每逢重大节日，师党委都要组织人员到地方、部队进行走访慰问。同时，和田地委，行署、军分区及驻和部队也经常到十四师进行慰问、座谈。据统计，师党委共走访慰问军兵地共建单位24次，召开座谈会、联谊会12场，支援地方建设费用合计400万元。在绿化和田、防风固沙的工程中，地方每年有4000名群众、部队700多名官兵，积极参与皮墨垦区春秋两季植树造林大会战，植树300多万株，为垦区的开发建设作出了突出贡献。各团场与周边县乡之间在经济社会发展方面也相互帮助、相互支持。每逢农忙季节，地方乡村都要派出劳力支援团场连队生产，帮助解决团场用水问题，双方相互学习先进技术和生产经验。在资源共享方面，兵地双方互建、互通公路，方便当地群众。四十七团投入了2000多万元修建北墨公路32千米，皮山投入了3000多万元修建木阿公路41千米。在抗洪抢险过程中，兵地双方互相帮助，积极开展抗灾自救，充分体现出了军民鱼水之情。在维护社会稳定方面，十四师的民兵应急分队多次发挥了其维稳处突的作用。2014年开始，四十七团派出精干的"访惠聚"工作队，到地方村落开展工作，在行政管理和维护稳定方面与地方展开密切合作。二二四团连续几年与墨玉县互派干部到对方辖区去学习、挂职锻炼，甚至任职。2014年四十七团二连建立"兵地幼儿园"，得到了周边村民的一致欢迎，共招收了地方民族学生30余人，占学生总人数的一半还多，有效增进了民族团结与兵地之间的交流。为认真贯彻落实第二次中央新疆工作座谈会精神，积极贯彻中央决策部署，十四师党委按照兵团总体规划要求和和田地委提出的"民族团结、扩大就业、防沙治沙、脱贫致富、新型城镇化"五位一体发展思路，加快实施与墨玉县兵地融合发展规划战略。现双方已签署了发展框架协议，利用各方优势开展合作，开发国有未利用土地，发展戈壁经济，转移墨玉县乡镇农村富余劳动力，以提高当地农民的

第二章　老兵精神的科学内涵

生产技术水平为出发点,增加农民收入,实现兵地双赢、共同富裕。目前四十七团第八作业区自2014年成立以来,作为兵地融合的示范区,园区一期项目总投资2.78亿元,建设900座日光温室,2015年已完成600座,目前已全部投入生产使用。引进墨玉县富余劳动力71户141人,这些新职工白天在园区搞生产、搞训练、搞培训,夜间在四十七团部镇区楼房居住生活。目前在设施农业中已培训技术人员达15人左右,起到了示范带动作用。[1]

60多年来,十四师坚定继承发扬老兵精神中"民族团结、兵地融合"的光荣传统,按照"经济互融、经验互学、文明共建"的思路,大力发展兵地融合经济,极大地增进了民族团结进步和兵地团结,形成了"边疆同守、资源共享、优势互补、共同繁荣"的良好局面。如今的四十七团已发展成为我国南疆特色鲜明的少数民族聚居团场,成为南疆兵地民族团结精神高地和示范区。团场与周边地方各族群众也相处融洽,民族团结之花愈开愈盛。

---

[1] 赵春水:《新疆南疆地区兵地嵌入式发展模式研究——以墨玉县与境内兵团单位关系为例》,载《和田师范专科学校学报》,第38卷第1期(2019年2月)。

第三章
老兵精神的时代价值

第三章　老兵精神的时代价值

伟大的事业需要并将产生崇高的精神，崇高的精神支撑并推动伟大的事业。老兵精神是在解放和田与新疆建设初期开荒戍边的艰苦创业实践中孕育出的宝贵精神财富。革命战争和建设初期需要老兵精神，和平建设时期仍需要大力弘扬老兵精神。习近平总书记指出：以老兵精神激励更多年轻人为祖国边疆的长治久安和繁荣发展作出贡献。这段讲话不仅提出弘扬老兵精神的要求，同时也充分肯定了老兵精神的时代价值。即：老兵精神是热爱新疆、扎根新疆的光辉典范，是实现新疆社会稳定和长治久安的精神支柱。在决胜全面建成小康社会、夺取新时代中国特色社会主义伟大胜利、实现中华民族伟大复兴的中国梦的伟大历史征程中，要把老兵精神作为凝聚人心、团结奋进的强大动力，作为战胜困难、夺取胜利的重要法宝，让老兵精神放射出新的时代光芒。

第一节　老兵精神是兵团人开展"不忘初心、牢记使命"教育的生动教材

习近平总书记在党的十九大报告中强调："中国共产党人的初心和使命，就是为中国人民谋幸福，为中华民族谋复兴。"我们党之所以能够从小到大，从弱到强，永葆活力，就是因为拥有千千万万忠

诚奉献、信念坚定的优秀共产党人，就是因为始终保持全心全意为人民服务的初心本色！"扎根新疆、热爱新疆、屯垦戍边"的老兵精神是在牢记使命的信念指引和催生下形成和发展起来的，是老战士们在党的领导下坚守信念、践行使命的精神结晶。学习老兵精神是我们深入思考当初是从哪里出发、为什么出发的历史镜鉴，也是我们这支队伍继往开来、更好前行的精神养料。

一、弘扬老兵精神，以坚定的信仰坚守初心和使命

习近平总书记指出，对马克思主义的信仰，对社会主义和共产主义的信念，是共产党人的政治灵魂，是共产党人经受住任何考验的精神支柱。坚守初心和使命，最根本的就是坚守共产党人的理想信念。以此作为精神支柱，就能"任凭风浪起，稳坐钓鱼台"，始终做到听党话、跟党走。沙海老兵的一生就是听党指挥、对党忠诚的一生。当年他们遵照党中央、毛主席的指示精神，坚守着"党交给的任务，困难再大也要坚决完成"的朴素信念，横穿沙漠，解救和田人民于水火。之后又永远留在了边疆，像沙漠中的胡杨，深深扎根在和田这块贫瘠而又充满希望的土地上，为屯垦戍边事业献了青春献终身，献了终身献子孙，用青春、汗水和热血铸就了对党和祖国的忠诚。用生命书写了一部艰苦创业、无私奉献的军垦诗篇。党组织永远是他们心中的圣坛，直到生命的最后一息。老兵季玉亭，

第三章　老兵精神的时代价值

得了严重的肺心病，在临终前，还交代家人要替他向党组织交最后一笔党费。老战士郭学成在部队是炊事员，一口大锅从阿克苏背到和田。他的耳朵在战争年代被震坏了。到了晚年老人已经很多事都记不清了，但当记者大声喊着问他是哪支部队的时，不曾想，老人的两眼一下闪出亮光，立即起立敬礼，准确地报出二军五师十五团。老人已经把这个番号、这份忠诚融进了自己的血液里。对于共产党人来说，初心和使命不是抽象的概念，而是实实在在的行动。坚守初心、牢记使命，要以沙海老兵为榜样，在老兵精神的激励下把忠诚和信仰体现在一言一行、一举一动之中，落实在每一次选择、每一次坚守中，做到信念永恒、初心不变。

二、弘扬老兵精神，以忘我的情怀坚守初心和使命

沙海老兵这个群体中有不少老英雄、老模范。他们曾历经战火硝烟的洗礼，立下赫赫战功。却甘愿服从命令，扎根大漠，有功不居，默默奉献一生，从未向组织上提过什么要求。老战士闫二娃，在革命战争年代是西北战场上的特级战斗英雄，10次受伤，一块弹片留在他的左脚里，伴他一生。他随部队转业留在了四十七团，曾担任过连队副连长。他对周边的群众非常关爱，谁没有鞋子衣服穿，他马上就把自己的鞋子衣服脱下来给谁。就这样默默无闻地在团场干了一辈子。老兵王庭志，是1938年台儿庄战役时参军入伍，他在

四十七团食堂当了一辈子炊事员，除做好机关后勤工作，每年还利用业余时间主动喂养几口肥猪供机关职工改善生活。老兵王斗志，也是1938年入伍的，在连队喂马，当了一辈子马夫，直到退休。……这些经历过峥嵘岁月的老英雄，在团场工作中从未炫耀自己的过去，更没有用自己的战功去谋取个人的好处。他们对党始终怀着一颗感恩的心，从不向组织提出任何个人要求。老兵车凤岗，当时和他一起当兵的战友有的担任了兵团领导，几次到四十七团看望他，他从来没为子女当兵、求学、工作的事张过口，没有因为自己劳苦功高就去要求组织照顾自己，照顾自己的儿女。其妻子师范专科学校毕业，1962年从内地接来四十七团，对妻子的工作问题他从未找过团领导。妻子这个师范生硬是在连队干了一辈子农工，到头来落了一身病，也因此埋怨了他一辈子。在老兵群体中，这样的事例很多很多。无私奉献，不求回报，淡泊名利、一身正气，令人非常感动。这朴实纯粹的背后，是共产党人忘我的情怀、无私的境界。坚守共产党人的初心和使命，就要坚持和弘扬老兵精神，对党和人民永怀一颗赤子之心，胸怀大格局、不计名和利，一心为公、默默奉献，吃苦在前、享受在后，以无私大爱书写精彩人生。

三、弘扬老兵精神，以奋斗的姿态坚守初心和使命

老兵的一生是艰苦奋斗的一生，他们自觉扛起对祖国、对新疆对各族群众的责任和担当，无论在战争年代还是屯垦戍边建设时期

第三章　老兵精神的时代价值

始终保持着奋斗的姿态。他们的前半生为解放大西北、解放全中国浴血奋战，出生入死；而后半生则为开发建设南疆披荆斩棘，死而后已。在南疆屯垦戍边困难程度无法想象，正如王震将军所说："在中国农垦创业的初期，……建设农场，其条件之恶劣，生活之困难，现在的人们是难以想象的。"在艰苦的条件下，创业者不怕苦，不怕死，依靠着对社会主义建设多作贡献的坚贞信念和劳动的双手，……依然扎根坚守大漠、脚踏实地、奉献一生，在沙漠腹地开辟出一片绿洲。

山东女兵邢桂英1952年来到四十七团后，就与沙丘较上了劲儿，她用筐挑沙、用小车推沙40年，一直到退休前的一天还在推沙包。团里劳资科的人来到沙丘前说，别推了，明天你就退休了。她说："听了这话，我才真的松了一口气。"她家里一直珍藏着两样东西，一是解放军胸章，一是一根挑沙的桑木扁担。[1]两件极有纪念意义的物品折射出老兵们艰苦奋斗的精神光芒。这种奋斗精神是最为可贵的。正是这种奋斗的姿态，锻造了老兵们的铮铮铁骨，展示了难能可贵的精气神，这也是对党的十九大报告中"永不懈怠的精神状态"和"一往无前的奋斗姿态"的生动诠释。奋斗是初心的原点，奋斗是共产党人的担当。正是靠一代又一代共产党人的接续奋斗，我们才走到今天、成就辉煌。坚守共产党人的初心和使命，就要弘扬和践行老兵精神，恪尽职守、勇于担当，干一行爱一行，主

---

[1] 王崇久、王瀚林编：《兵团精神》，新疆生产建设兵团出版社2014年版，第90页。

动挑重担子、啃硬骨头、接烫手山芋，为干事创业、建功岗位注入蓬勃朝气与活力。

四、弘扬老兵精神，以清廉的本色坚守初心和使命

老兵的一生是清廉的一生。老团长王二春，一生勤勤恳恳，艰苦朴素，作为团领导从来不搞特殊。他下连队检查工作，坚决不让职工准备餐饭，做了他也不吃。经常拿根大葱，往墙根一蹲，就馍馍吃。全家人在草把子房住了几十年，他从未向团里提过什么要求。儿子结婚，按他的要求也未请客办酒席，而是参加了集体婚礼。离休后，他享受副师级待遇。组织上很照顾他的生活，但他坚持不给组织找麻烦。到医院看病、办事宁肯打出租车，也不用团里的车。不搞特殊化，不给组织添麻烦，这是王二春一生坚守的原则。师办公室负责派车的干部后来回忆说，在王二春离休后的10多年中，几乎没用过车。团场职工说这就是老八路的作风，值得我们学习一生。以王二春为代表的沙海老兵群体一心为公、一生清白，为我们树立了党员干部的光辉形象，也传承着共产党人的家风，这是他们对子女及兵团后代的最好馈赠，也是留给我们的宝贵精神财富。坚守共产党人的初心和使命，就要弘扬和践行老兵精神，一辈子清廉自守、克己奉公，清清白白做人，干干净净做事，自觉践行共产党人的价值观，始终保持共产党人的政治本色。

第二节 老兵精神是完整准确贯彻新时代党的治疆方略，实现新疆工作总目标的精神支撑

一、老兵精神坚定的政治信念是完整准确贯彻新时代党的治疆方略的政治灵魂

对党忠诚，听党指挥的政治品质是老兵精神的鲜明特征。老兵们正是满怀对党和人民的无限忠诚，才以强烈的责任担当将一生献给了党的屯垦戍边事业。对党绝对忠诚是对党员干部的根本政治要求，也是党和人民的事业顺利发展的坚强政治保证。党的十八大以来，习近平总书记就新疆工作发表了一系列重要讲话，深刻阐述了新疆工作重大理论和实践问题，明确提出了做好新疆工作的大政方针和战略任务，为我们做好新形势下新疆工作指明了方向，提供了根本遵循。完整准确贯彻新时代党的治疆方略，实现新疆社会稳定和长治久安的总目标，需要广大党员干部发扬老兵精神，把对党绝对忠诚作为根本政治要求，进一步强化忠诚意识，做政治忠诚的践行者。完整准确贯彻新时代党的治疆方略，坚决贯彻落实自治区党委和兵团党委聚焦总目标的系列"组合拳"，做到思想上坚决统一、认识上坚决一致、措施上坚决有力、行动上坚决落实，确保党中央的决策部署和对新疆工作的要求落到实处。

二、老兵精神的扎根奉献品质是完整准确贯彻新时代党的治疆方略的内在要求

扎根奉献是老兵精神最有魅力的特征。它体现了沙海老兵的精神特质，老战士们正是有着扎根奉献的执着品质，才得以战胜一切艰难险阻，为南疆的社会稳定和长治久安、经济发展、人民幸福安康作出卓越贡献。

近年来，全疆各族干部群众完整准确贯彻新时代党的治疆方略，真抓实干、攻坚克难。天山南北发生了翻天覆地的变化。今日的新疆，社会稳定、经济发展、民族团结、宗教和顺，各族人民安居乐业，各项事业欣欣向荣，处于历史上最好的繁荣发展时期。进入新时代，新疆工作也面临新形势新任务。在看到成绩的同时也要清醒地认识到实现新疆社会稳定和长治久安总目标的长期性和复杂性。仍需要大力弘扬老兵精神，持久保持战略定力，立足当前、着眼长远，持续用力、久久为功，始终以锐意进取、奋发有为的精神状态推动以习近平同志为核心的党中央大政方针和决策部署在新疆落地生根。时刻聚焦总目标、紧盯总目标、落实总目标，勇挑重担、主动作为，义无反顾地为实现总目标拼上去、豁出去。做到关键时刻冲得上、顶得住、打得赢，为实现新疆工作总目标贡献力量。

三、老兵精神艰苦奋斗的重要内容是完整准确贯彻新时代党的治疆方略的强大动力

艰苦奋斗是共产党人的传家宝，共产党人是靠艰苦奋斗起家的，

也是靠艰苦奋斗发展壮大、成就伟业的。在60多年的屯垦戍边事业发展中，艰苦奋斗的精神激励着老兵们在各种困难和考验面前顽强进取，逐步内化为老兵精神的重要内容。在创业初期，老兵们继承和发扬艰苦奋斗的优良作风，住地窝子，喝涝坝水，与风沙为伴，亘古荒原开良田，大漠深处修水利。经过60多年的艰苦创业，硬是将万古荒原变成了万顷良田，为南疆兵团的发展奠定了坚实基础。

2019年是中华人民共和国成立70周年，是全面建成小康社会、实现第一个百年奋斗目标的关键之年。大力弘扬老兵精神，学习老兵们"特别能战斗，特别能吃苦，特别能忍耐，特别能奉献"的可贵品质，是我们不忘初心、艰苦奋斗，贯彻新发展理念，深化改革开放，保持社会大局稳定，坚定不移推动社会稳定和长治久安总目标落地生根的强大精神动力。

第三节　老兵精神是履行兵团职责使命，推动各项事业发展的力量源泉

习近平总书记在兵团考察时强调："兵团的存在和发展绝非权宜之举，而是长远大计。""兵团要真正成为安边固疆的稳定器、凝聚各族群众的大熔炉、先进生产力和先进文化的示范区。""新形势下，兵团工作只能加强不能削弱。"习近平总书记关于当前兵团使命任务重要论述，充分肯定兵团的战略地位，指明兵团当前屯垦戍边历史

使命的新定位、新要求、新目标,是当前和今后建设和发展兵团的新指针。

一、弘扬老兵精神,更好发挥安边固疆的稳定器作用

新疆陆地边境线漫长,戍守边防是国家赋予兵团的重要职责。兵团从组建开始,就是一支高度组织化的准军事力量。多年来,兵团坚持亦兵亦民、劳武结合、兵民合一,形成环绕塔克拉玛干、古尔班通古特沙漠边缘和守护新疆2019公里边境线的一支拉得出、用得上、起作用的军垦职工队伍,在维护国家统一和新疆社会稳定、打击暴力恐怖犯罪活动中发挥特殊作用。沙海老兵是这支队伍中极具代表性的光荣群体,是戍卫祖国边防的先锋和楷模。他们在大漠忠诚坚守一生,为维护和田社会稳定建立了不可磨灭的功勋,发挥了不可替代的作用。新时期,要继承发扬老兵精神,弘扬他们甘于扎根戍守边疆,同"三股势力"作殊死斗争的大无畏的精神,以进一步激励兵团广大党员干部,以坚韧不拔的意志和无私无畏的勇气更好履行职责使命,进一步发挥兵团安边固疆的稳定器作用。

二、弘扬老兵精神,更好发挥凝聚各族群众的大熔炉作用

习近平总书记在考察新疆、兵团时指出:"新疆的问题最长远的还是民族团结问题。实现新疆社会稳定和长治久安总目标,必须把兵团工作摆在重要位置,在事关根本、基础、长远的问题上发力。"

第三章 老兵精神的时代价值

把兵团建成凝聚各族群众的大熔炉，就是在民族团结这个最长远的问题上发力。60多年来，老兵们全面贯彻党的民族政策，努力为南疆各民族群众多办好事，促进了各民族和睦相处、和衷共济、和谐发展，是民族团结和各民族交往交流交融的典范，曾被国务院评选为民族团结进步先进集体，也为新疆做好民族团结工作积累了宝贵的经验，创造了有效形式。当前，新疆民族工作的内外环境发生了很大变化，民族关系出现了许多新情况新特点，对做好民族工作提出了新要求。我们要大力弘扬老兵精神，汲取他们联系群众、人民至上的宗旨意识，牢牢把握各民族共同团结奋斗、共同繁荣发展主题，持续推进脱贫攻坚、"民族团结一家亲""访惠聚"等各项工作，促进各民族和睦相处、和衷共济、和谐发展，夯实民族团结这个发展进步的基石，不断增强"大熔炉"凝聚力。

三、弘扬老兵精神，更好发挥先进生产力和先进文化的示范区作用

成为先进生产力和先进文化的示范区，是兵团更好履行特殊使命的着力方向。新形势下，充分发挥兵团在发展先进生产力和先进文化方面的示范带动作用，需要扎实推进"三化"建设，凝聚强大发展动能，加快壮大兵团综合实力，打造先进生产力的示范区。以铁一般的担当推进兵团深化改革和南疆师团发展，大力弘扬先进文化，充分发挥示范带动作用。一代人有一代人的使命，一个时代有一个时代的奋斗目标。发挥先进生产力和先进文化示范区作用是新

时代兵团履行屯垦戍边使命的新的奋斗目标，是一项系统工程。随着各项工作的逐步推进，必然会出现许多新情况新问题，会遇到一些难啃的硬骨头。在新的历史条件下，更需要继承和发扬老兵精神，使老兵精神成为一剂兵团人人可服的"补钙"良药，让新一代兵团人从老兵精神中汲取精神营养，汲取坚守理想信念、奉献祖国、忠诚为民、不计名利、艰苦奋斗、报效祖国的精神和情怀，使更多的兵团人牢记历史、牢记使命担当，立足本职岗位，为更好发挥"示范区"作用，为兵团的发展壮大而不懈奋斗。同时通过沙海老兵身上所承载的巨大精神力量和感召力，激励更多的有志青年扎根边疆，献身新疆及兵团事业，为新疆稳定发展凝神聚力，"争当排头兵、勇做先行者"，老兵精神，可以为我们提胆气、壮行色！

第四章
新时代大力弘扬老兵精神

第四章　新时代大力弘扬老兵精神

当前，世界正处于百年未有之大变局，尤其是全球性新冠疫情发生以来，未来变数未知。十四师昆玉市正全面深化改革，全力推进师市发展，经济社会生活深刻变化、社会利益关系更为复杂，出现了许多新情况新问题，履行好职责使命，需要大力弘扬传承老兵精神，教育引导十四师昆玉市的党员干部群众大力发扬沙海老兵红色传统、传承沙海老兵红色基因，鼓起迈进新征程、奋进新时代、担负维稳戍边职责使命的精气神，办实事，开新局，以昂扬姿态奋力开启兵团十四师昆玉市新征程。

第一节　老兵精神是党史学习的重要内容

2013年3月1日，习近平总书记在中央党校建校80周年庆祝大会暨2013年春季学期开学典礼上强调："各级干部还要认真学习党史、国史，知史爱党，知史爱国。要了解我们党的国家事业的来龙去脉，汲取我们党和国家的历史经验，正确了解党和国家历史上的重大事件和重要人物。这对正确认识党情、国情十分必要，对开创未来也十分必要，因为历史是最好的教科书。"2014年5月8日，习近平总书记在同中央办公厅各单位班子成员和干部职工代表座谈时强调："要加强党史学习和教育，努力从党走过的风云激荡的历史中、从党开创和不断推进的伟大事业中、从党全心全意为人民服务的根本宗旨和长期实践中，深化对党的信赖，坚定对党的领导的信念。"2020年7月22日至24日，习近平总书记在吉林考察时发表重要讲话时强调："我们一定要牢记革命先辈为中国革命事业付出的鲜血和生命，牢记新中国来之不易。创业难，守业更难。广大党员、干部和人民群众要很好地学习党史、新中国史，守住党领导人民创立和社会主义伟大事业，世世代代传承下去。"2021年2月，习近平总书记在党史学习教育动员大会上强调，全党同志要做到学史明理、学史增信、学史崇德、学史力行。

一、把老兵精神的学习宣传纳入党史学习教育之中

老兵精神是十四师昆玉市党员领导干部学习党史的重要内容之一，师市各族党员干部群众要铭记沙海老兵们在扎根新疆、热爱新疆、屯垦戍边伟大实践中，维护和田地区社会稳定、促进经济社会发展中为党、为国和为民作出的伟大贡献，深刻领悟中国共产党人始终不渝为人民的初心宗旨，学习传承沙海老兵们用忠诚、青春、热血、担当、生命铸就的伟大精神，传承几代兵团人维稳戍边、建设新疆的光荣历史，坚持人民立场和群众路线，践行老兵精神，增强履行兵团"三大功能"、发挥"四大作用"的责任感使命感，不断增强继往开来走好新时代长征路的自觉性和坚定性，为促进和田地区社会稳定和高质量发展贡献力量。

第四章　新时代大力弘扬老兵精神

二、把弘扬传承老兵精神作为衡量思想道德建设的重要标准

要把弘扬老兵精神作为衡量十四师昆玉市党员干部思想道德建设的重要标准，着力提高党员干部的思想道德素质、科学文化素质，增强"四个意识"、坚定"四个自信"、做到"两个维护"。要教育职工群众向沙海老兵学习，学习沙海老兵对党忠诚、热爱祖国、热爱新疆、热爱新疆各族人民的情怀，学习他们胸怀全局、顾全大局的境界，学习他们在创业初期披荆斩棘、迎难而上的勇气，学习他们艰苦创业、甘于奉献、勇于克服人间罕见困难、创造屯垦戍边光辉业绩的革命英雄主义和革命乐观主义精神，让沙海老兵创造的屯垦戍边经验和艰苦创业精神感召和激励一代又一代十四师昆玉市人。

三、要把大力弘扬老兵精神落实到"我为群众办实事"上

要坚持与"我为群众办实事"有机联系起来，从老兵精神中汲取力量，不吃老本，再立新功。聚焦兵团维稳戍边事业和高质量发展，坚定不移做好改革发展稳定各项工作，把践行老兵精神落实到推动十四师经济社会高质量发展的具体行动中去。要学习老兵"扎根新疆"，忠诚爱国、戍守边防、听从指挥，守土有责、守土尽责，发挥好安边固疆的稳定器功能；学习老兵"热爱新疆"，全心全意为人民服务，牢牢把握新疆各民族共同团结奋斗、共同繁荣发展主题，巩固脱贫攻坚成果，做好"民族团结一家亲""访惠聚"等各项工

作，促进新疆各民族和睦相处、和衷共济、和谐发展，夯实民族团结这个发展进步的基石，发挥好凝聚各族群众大熔炉功能；学习老兵"屯垦戍边"，扎实推进"三化"建设，凝聚强大发展动能，加快壮大兵团综合实力，建设好先进生产力和先进文化示范区，以铁一般的担当推进兵团深化改革，发挥好先进生产力和先进文化示范区功能。

第二节　创新弘扬传承老兵精神的方式方法

老兵精神在新时代具有新的时代内涵和时代价值。同时也要看到，新形势下，弘扬传承老兵精神也面临着一些问题，诸如自我提升动力不足、市场经济冲击、宣传力度减弱、教育力度不足等问题。因此，要通过一系列具体的方法途径，使老兵精神变成十四师昆玉市职工群众的自觉追求和行动，成为十四师昆玉市维稳戍边事业的鲜明标志，不断得到继承弘扬。

党的十九大报告指出，培育和践行社会主义核心价值观"要以培养担当民族复兴大任的时代新人为着眼点，强化教育引导、实践养成、制度保障，发挥社会主义核心价值观对国民教育、精神文明创建、精神文化产品创作生产传播的引领作用，把社会主义核心价值观融入社会发展各方面，转化为人们的情感认同和行为习惯"。这一重要思想观点进一步明确了社会主义核心价值观建设的出发点和落脚点，也对核心价值观传播和教育实践提出了更高的要求。继承弘扬老兵精神，也应该顺应新时代社会发展趋势，切实把握十四师昆玉市职工群众尤其是年轻一代的心理状况和需求，拓宽思路、积极作为，不断创新传播方式，努力提升弘扬老兵精神的培育和践行效果。

一、从"独白"型传播到"对话"型传播

对老兵精神的传播方式创新需要从传统的自说自话式的独白型传播向现代的交流互动式的对话型传播转变，实现传播主体和传播受众的平等对话，从而提升核心价值观的传播效果。贯彻"对话"理念，是面对新时代传播环境的必然选择。当今社会，自媒体高度发展，人人都是麦克风，公众不再仅仅是信息的接受者，同时也是信息的传播者。政府与公众之间不再是过去的单向传播关系，而是日益平等的双向沟通关系。唯有对话型传播，才能适应当下十四师昆玉市党委与职工群众之间传授关系日益平等的传播现实。另一方面，贯彻"对话"理念也是基于提升兵团精神传播效果的需要。采取丰富多彩的对话方式，有助于在双向沟通的过程中，拉近传播主体和传播客体之间的距离，形成情感共鸣，从根本上提升传播效果。只有通过传播主体和传播受众之间的主动积极对话，让各种意见、观点、信息充分平等地交流、碰撞、融合，才能使兵团精神真正入脑入心。

贯彻"对话"理念，首先需要了解各族职工群众的心理现状和内在诉求，做到传播有的放矢。要传播老兵精神就需要深入到职工

群众中去，通过平等对话了解老兵精神传播的难点和切入点。其次，要使用贴近传播客体的话语方式传播老兵精神。语言是思想的直接体现，要注重语言的亲和力、对话的平等性、受众的接受能力，要用简明易懂的方式来解读老兵精神的内涵，用一个个鲜活生动的老兵故事来诠释老兵精神的实质，用喜闻乐见的形式来传播老兵精神的要素。最后，在传播渠道上可以充分利用微信、微博、公众号、抖音等新媒体的力量。要"运用网络传播规律，弘扬主旋律，激发正能量，大力培育和践行老兵精神"，要充分发挥以数字化为基础的新媒体双向即时互动的特点，为老兵精神的传播插上互联网的翅膀。

二、从"说教"传播模式到"体验"传播模式

老兵精神传播方式创新需要用"体验"模式来优化"说教"模式，即从以信息重复发布、强制记忆、简单诠释等"我说你听"为主的方式，转化为一种日常生活中润物细无声的方式，让职工群众在参与互动中体验核心价值观所蕴含的内在魅力。通过老兵精神的各类"体验"活动，让职工群众充满乐趣、身心放松，引导职工群众抱有一种积极的生活态度，在情感深处与老兵精神建立起紧密的心理连接。

老兵精神传播"体验"模式的关键是受众的参与性和互动性。应该围绕老兵精神的各种理念设计丰富多彩的活动吸引职工群众参与其中，在活动中促进受众与传播者、受众与受众之间的情感交流

与沟通，产生情绪共振。2013年12月，中共中央办公厅印发的《关于培育和践行社会主义核心价值观的意见》中强调指出："找准与人们思想的共鸣点、与群众利益的交汇点，做到贴近性、对象化、接地气。"社会主义核心价值观传播活动中最常见的参与实践是各类志愿者行动，志愿者在帮助别人、服务社会的活动中，能够体验到自我与他人、个体与社会、个人与国家之间的深刻联系，体验到核心价值观的具体内涵，同时也体验到因自我价值实现而产生的积极情感。

老兵精神传播的"体验"模式从根本上是要将传播活动真正嵌入十四师昆玉市各族职工群众的日常生活中。2014年2月，习近平总书记在中共中央政治局集体学习时强调指出"要注意把我们所提倡的与人们日常生活紧密联系起来，在落细、落小、落实上下功夫"，"要切实把社会主义核心价值观贯穿于社会生活方方面面"。只有将老兵精神的传播真正嵌入日常生活之中，才能最大限度地发挥其指导与引领作用；只有让职工群众体验到老兵精神的践行有利于个人、社会问题的解决，有利于自身利益的实现、个人和社会整体幸福感的提升，才能在内心深处真正接受老兵精神所倡导的理念，进而实现知行合一。

我们可以将老兵精神的内容融入文艺作品中去，使听众、观众、读者在接受传播内容的同时，不自觉地接收到有关老兵精神的信息，继而达到满意的传播效果。通过组织各种类型的集体"仪式"培育老兵精神。仪式作为一种古老的、重复的、由文化传统所规定的一整套行为方式和实践活动，是一个民族文化的存储器和记忆的识别物。组织各种重大"仪式"活动，能够使各族职工群众对老兵精神的接收和解读从指令式的、被动地接受，转化为积极的、能动的接受，符合接受美学的文化要求，有助于提高老兵精神传播的效能。

三、从"显性"传播策略到"隐性"传播策略

所谓传播的"隐性"策略，就是将老兵精神的内容及其代表性的视觉性、文化性符号策略性地融入各类传播载体中，隐藏于载体并与载体融为一体，真正做到"看不见的宣传"。

老兵精神传播的"隐性"策略首先要注重环境的设置。习近平总书记要求"要使核心价值观的影响像空气一样无所不在、无时不有"。环境在很大程度上决定着人们的思维、语言、习惯、修养以及行为方式，要善于通过外部环境中潜在的教育性因素对被教育者的思想和个性发挥作用。实现老兵精神的"隐性"传播，需要着力优化社会传播环境尤其是学校环境及学校周边环境。

第三节 弘扬传承老兵精神的途径

老兵精神是我们宝贵的精神财富，是我们战胜前进道路上各种艰难险阻的精神动力，更是实现新疆社会稳定和长治久安的深刻精神内涵。要使老兵精神深入人心，化作人们的行动，需要采取一系

列具体方法途径来弘扬传承老兵精神。

一、高质量建设好沙海老兵红色教育基地

四十七团"沙海老兵爱国教育基地"——老兵纪念馆是四十七团倾力打造的一张"红色名片"。老兵纪念馆以文字介绍、照片、实物、场景复原等多种形式，真实生动地再现了沙海老兵艰难而光辉的屯垦发展史。老兵纪念馆是和田地区重要的爱国主义教育基地，近年来已经成为和田地区各县市机关、企事业单位、社会群团组织举行党团活动，党员领导干部坚定理想信念，锤炼党性修养，用心感悟历史，接受老兵精神的洗礼、弘扬优良作风的党性教育重要场所。

2017年8月5日至6日，和田地区七县市四套班子领导分4批次到第十四师四十七团沙海老兵爱国主义教育基地开展党性教育。这是继和田地委牛学兴书记率四套班子及军分区领导到四十七团参观沙海老兵爱国主义教育基地后的又一次党性教育活动，墨玉县委书记张冠军，县委副书记、县长马合木提·吾买尔江分批带领县市四套班子领导参加活动，全地区先后共有310名领导干部参加。仅2017年上半年，就有12000余名和田地区的各族干部职工群众到四十七团爱国主义教育基地参观，感受并继承老兵精神。

党性教育基地的活动内容主要有：瞻仰老兵公墓，深切缅怀在解放和田和建设和田历程中牺牲的老兵；瞻仰中国人民解放军进军

和田纪念碑；参观四十七团老兵纪念馆；聆听兵团子弟讲述老兵故事《生死不移写忠诚》，党课《沙海老兵精神及其时代价值》。

虽然老兵纪念馆充分发挥了爱国主义教育基地功能，但也存在一些问题：一是人才队伍总体素质与内地其他先进单位仍有差距；二是宣传教育方式方法还略显呆板生硬，互动性和体验性不足；三是与兵团各爱国主义基地之间互动交流活动开展较少。因此需要抢抓发展红色教育的契机，进一步夯实老兵纪念馆红色教育基础，高质量建设好爱国主义教育基地——老兵纪念馆，让各族群众深切感悟老兵精神。

一是夯实红色教育阵地。高起点规划，对基地进行全方位规划；高标准建设，坚持"高规格、高质量、高标准"建设；提高水平管理。

二是深入挖潜红色资源。依托沙海老兵事迹，着力挖掘沙海老兵文化元素，不断丰富基地文化内涵，让爱国主义教育基地不断拓展、增色添彩。成立"沙海老兵文化研究会"，邀请专家学者，依托沙海老兵史料，进一步挖掘整理沙海老兵爱国主义思想精髓。组织开展老兵精神研讨作品征集活动，面向社会大众有奖征集反映老兵精神的理论文章、经典小故事等；举行沙海老兵文艺作品大赛。

三是加强红色文物保护。认真贯彻"有效保护、合理利用、加强管理"的文物保护方针。建立文物保护部门，完善服务配套设施。建立健全文物保护管理制度，认真落实保护措施。定期开展文物的除虫、保养、维修，确保文物安全。

四是强化红色资源利用。充分发挥阵地作用,认真执行博物馆、纪念馆免费开放政策,着力发挥爱国主义教育功能,通过缅怀革命先辈、重温入党誓词、聆听红色党课等形式,为参观学习团体提供丰富的课堂教材。保障主题教育开展。根据主题教育要求,精心设置活动,创新推出"五个一"主题教育方式,丰富活动内容。推进合作共建。加强与新疆兵团军垦博物馆、三五九旅纪念馆、将军纪念馆以及党校(行政学院)、大中专院校等单位的合作,积极组织开展"馆校共建""军地共建""部门联建"等爱国主义教育活动。

二、大力发展沙海老兵红色文化旅游产业

红色文化是我们党在革命、建设和改革中形成的宝贵精神财富。我国从2004年开始发展红色旅游,其间中共中央办公厅、国务院办公厅先后印发过3次《全国红色旅游发展规划纲要》。目前我国红色经典景区数量多,参观旅游人次逐年攀升,市场潜力巨大,客群呈年轻化,红色旅游的规模不断扩大,体系不断完善,政治效益、社会效益和经济效益不断显现。据相关统计数据显示,党的十八大以来,全国红色文化旅游景区景点接待游客累计达51.7亿人次,红色文化旅游综合收入累计达1.35万亿元;全国红色文化旅游直接就业130.6万人,间接就业510万人。[①]

[①] 文旅融合新焦点:红色文旅的万亿"红色经济"[EB/OL]. http://www.sohu.com/358272761-447655.

习近平总书记强调，要把红色资源利用好、把红色传统发扬好、把红色基因传承好。并且强调"共和国是红色的，不能淡化这个颜色"。"发展红色旅游要把准方向，核心是进行红色教育、传承红色基因，让干部群众来到这里接受红色洗礼"。

依托丰富的红色文化资源，发展红色文化旅游经济，如今已成为革命老区党委政府的一项重要的战略举措和推动文旅融合发展的特色工程。近年来，陕西延安充分发挥红色旅游资源的"至高性、唯一性、垄断性"优势，围绕塑造全国红色旅游第一城目标，全力推动红色文化与红色旅游融合发展，已形成集党性教育、干部培训、研学旅游、新兴业态于一体，吃、住、行、游、购、娱要素完备的综合服务体系。2018年延安共接待游客6343.98万人次，实现旅游综合收入410.7亿元，分别增长25.4%和37.5%。2019年预计培训党员干部将超过40万人。[①]

近年来，革命摇篮井冈山依托丰厚的红色文化资源和竹茂林丰的自然环境，探索形成了集培训、参与、体验于一体的"井冈模式"，拥有200多家红色培训机构，成为全国红色培训领域一面亮眼的旗帜。2018年，井冈山共接待游客人数达1839.08万人次，同比增长6.15%；实现旅游收入150亿元，同比增长7.92%，其中培训总

[①] 2018年延安接待游客6343.98万人次实现旅游综合收入410.7亿元[EB/OL].http://www.sohu.com/a/289689668-780948.

人数达52.28万人次。①

前不久，文化和旅游部发布公告，确定兵团塔克拉玛干·三五九旅文化旅游区为国家AAAAA级旅游景区。至此，兵团已有2家国家AAAAA级旅游景区：十师一八五团白沙湖景区和塔克拉玛干·三五九旅文化旅游区。

近年来，一师阿拉尔市深挖人文资源、自然资源和农业资源，大力开发利用三五九旅红色文化、西域文化以及沙漠、河流、湿地、大农业等优质旅游资源，大力推动旅游业高质量发展。

三五九旅文化旅游区位于一师阿拉尔市，包括三五九旅屯垦纪念馆、十一团沙漠之门景区等，融合了红色旅游、农业观光、沙漠体育休闲等资源，是兵团重要的红色旅游基地。十一团沙漠之门景区依托沙漠资源，开发沙漠越野、自驾营地、沙漠疗养、沙漠戏水等项目，该景区曾举办多场越野赛事，吸引了全国各地车手来此竞技，景区现已成为集观光、探险、摄影、沙地运动、沙漠文化深度体验于一体的旅游胜地。三五九旅屯垦纪念馆集中展示了兵团屯垦戍边红色文化。三五九旅屯垦纪念馆先后被评为"全国爱国主义教育基地""全国民族团结进步教育基地""全国国防教育基地""全国关心下一代党史国史教育基地"等国家级示范基地，还被列入国家第三批红色旅游经典景区名单。

---

① 文旅融合新焦点：红色文旅的万亿"红色经济"[EB/OL]. http://www.sohu.com/a/358272761-447655.

"扎根新疆、热爱新疆、屯垦戍边"的老兵精神是十四师昆玉市发展红色文化旅游最独特、最有价值的资源。近年来四十七团通过举办沙海老兵系列纪念活动,用老兵精神去激励更多的兵团后来人,让他们了解、继承和发扬"扎根新疆、热爱新疆、屯垦戍边"的老兵精神,切实履行好新时代兵团的职责使命,主要开展了以下文化旅游活动:

举办"沙海老兵节"活动。从2012年开始,四十七团开始举办第一届"沙海老兵节"活动开始,"沙海老兵节"参加人数越来越多、活动越来越丰富。2017年第六届"沙海老兵节"举办了大型文艺汇演,包括参观沙海老兵纪念馆、重走老兵路等活动,在活动设置上还有重点地突出重大宣传任务。

大力发展沙海老兵红色文化旅游。目前,四十七团沙海老兵红色线路已经成为众多的旅游者的打卡地,十四师昆玉市积极发展沙海老兵红色旅游,开发出了红色旅游项目:参观老兵纪念馆、住宿老兵村、重走沙漠路、观看《进军和田》、听沙海老兵子女讲故事等,吸引了大批游客。2019年接待6.9万人次;2020年(因新冠疫情)接待了2万人次,仅2020年七一当天就接待几千人次。

因此,需要加大力度发展沙海老兵红色文化旅游,积极创建国家AAAAA级旅游景区。十四师昆玉市要以《新时代爱国主义教育实施纲要》为指导和引领,建好用好沙海老兵爱国主义教育示范基地——老兵纪念馆,进一步扛起讲好红色故事,传承红色基因的使

第四章 新时代大力弘扬老兵精神

命担当,充分发挥老兵纪念馆"弘扬革命传统传承红色基因"爱国主义教育基地功能,开展红色革命教育活动;融合好红色旅游、农业观光、沙漠体育休闲等资源建设,大力发展沙海老兵红色文化旅游,争取创建国家AAAAA级旅游景区。

一是加强对沙海老兵红色遗址遗存遗迹的保护利用。红色文化体现着党的性质宗旨,承载着兵团人的初心使命。要精心规划设计、完善展陈方式,吸引更多群众接受文化熏陶和精神洗礼。要拓展渠道、丰富载体,推出更多红色经典,鲜活地讲好沙海老兵故事、模范人物故事,生动地展示沙海老兵的奋斗历程、奋进脚步,把老兵精神发扬光大。目前,兵团的红色文化旅游模式仍然比较"传统",现行模式多集中在"穿作训服、走老兵路"等参观学习和缅怀献花层面。大部分地方红色旅游目的地的旅游产品开发趋于同质化,对独具历史特色的红色文化内涵和文化元素挖掘不够,尤其是满足年轻游客喜爱的产品严重缺位。因此,要针对不同的游客和不同的旅游市场需求,构建不同类型、不同层次的旅游产品。

二要推动沙海老兵红色文化和沙海老兵红色旅游高质量融合发展。创新红色景区传统模式,尤其是通过创意提升红色IP[①]的持久生命力。目前,多数纪念馆还停留在传统布展模式上,需要进行创

[①]IP:知识产权,它可以是一个故事,一种形象,一件艺术品,一种流行文化。更多的是指适合二次或多次改编开发的影视文学、游戏动漫等。IP剧,是指在有一定粉丝数量的国产原创网络小说、游戏、动漫等基础上创作改编而成的影视剧。因为其站在IP背后成千上万的狂热粉丝和他们不容小觑的消费能力。

意,开发出影视文学、动漫游戏等系列产品。

三要加大"放管服"改革,简政放权、放管结合、优化服务,构建起"全产业发展、全区域管理"的红色旅游发展新格局。整合资源,形成规模效益,加强兵地之间的共同协作。

四要加强红色文化旅游管理人员、导游、讲解员的职业道德教育和服务技能培训,努力提高员工队伍整体素质,实现红色旅游服务向专业化、规范化和人性化方向发展。

五要加快沙海老兵红色产品开发,增强全域旅游发展实力。加强沙海老兵旅游线路开发力度,形成以新疆独特的"大漠孤烟直,长河落日圆"的特色旅游为重点、红色旅游、民俗文化、休闲度假、乡村旅游等为组合的旅游产品系列,积极打造精品红色文化旅游线路,形成红色文化旅游+生态观光、文化体验、户外运动、研学实践、乡村旅游等复合型旅游产品。加大旅游商品研发力度。鼓励能人设计制作沙海老兵红色文化主题剪纸、烙画、麦秆画、手工编织等极具地方特色的红色手工艺品,并邀请抖音网红现场直播制作技艺,开展优秀作品免费送游客活动;鼓励职工群众积极生产销售有机生态农产品;编辑出版沙海老兵等红色事迹文献和故事书籍;传唱和创作红色歌曲,以丰富沙海老兵红色文化旅游内涵。

三、大力实施文艺精品工程

文艺是时代的号角,文艺最能浸润人心,最能引领社会的风貌。2009年,时任新疆军区政治部副主任的李卫平走进了位于和田的新疆生产建设兵团农十四师四十七团,在这个沙漠边缘的老兵村落,他被老兵们崇高的信仰和一生的坚守深深感动,饱含真情地写出了报告文学《壮哉,沙海老兵村》。该作品在《解放军报》刊发后,引起强烈反响。同年,由他策划,原新疆军区政治部电视中心组织拍摄的3集电视纪录片《壮哉,沙海老兵村》在中央电视台播出。李卫平饱含感情地说:"新疆是一块热土,兵团是一座富矿,'老兵村'是当代中国人的精神高地。"

2018年,由北京市民委、北京市援疆和田指挥部、新疆军区政治工作部等单位组织创作、拍摄和推介,作为北京市对口援疆文化项目向党的十九大献礼电视剧《沙海老兵》,于2018年3月12日起在中央电视台一套黄金档强势播出。《沙海老兵》播出后,反响热烈,首播取得了收视率1.0325%、市场份额6.4064%的好成绩。有网友留言说:"《沙海老兵》让我们看到了父辈们为建设新疆,不怕流血和牺牲,以青春和汗水建设美丽富饶的第二故乡的故事,让我们永远都牢记开拓者们!"十四师昆玉市老党员热合曼·把吾西看了以后,感动地说:"我们现在的幸福生活来之不易,向在新疆作过贡献的老兵战士致敬。我会好好教育我的子女,让他们热爱祖国、热爱新疆,热爱兵团,感恩党。"

2021年4月16日北京朝阳区文联原创话剧《沙海老兵》启动,已完成了前期策划、艺术家采风、剧本创作、创作研讨、编剧等环节,现已进入舞台排练阶段,力争于2021年5月下旬在新疆进行首轮公演。

近年来，兵团党委、十四师党委高度重视老兵精神的宣传，为了让文艺这种独特的形式来展现沙海老兵的光辉事迹，影响带动更多的兵团后代更好继承和发扬老兵精神，激发他们爱党爱国爱兵团爱十四师昆玉市的情怀，共同建设美丽兵团、美丽十四师昆玉市，在文艺作品创作上做了大量的工作。2017年，在第六届沙海老兵节上，兵团歌舞剧团还精心编排了《拓荒者》《戈壁恋情》《沙海老兵》《历史不会忘记》等文艺节目，真实还原了当年沙海老兵不畏艰险、不怕牺牲、气吞山河的波澜壮举，更全面反映了沙海老兵忠于党、忠于国家、忠于人民的坚定革命信念和种特别能吃苦、能别能奉献、特别能忍耐、特别能战斗的英雄革命气概。十四师昆玉市相继出版了图书《永不换防》（一）和《永不换防》（二），拍摄了电影《进军和田》。一大批文艺作品的创作，不但为我们提供了丰富的精神食粮，而且极大地提升了老兵精神的宣传力、影响力和感召力。

因此，要大力实施文艺精品工程。提高优质文艺作品的供给水平，以文艺精品去日益地满足人民精神文化生活需求，发挥文艺精品在文化润疆工程、弘扬传承老兵精神的积极作用。一是要发扬学术民主、艺术民主，提高文艺原创能力，推动文艺创新，倡导讲品位、讲格调、讲责任，体现"政治性、先进性和群众性"，坚决抵制庸俗、低俗、媚俗。二是文艺工作者不仅要注重提高艺术水准的，更要关注养成高尚品德和健康情趣，模范遵守社会公德，恪守职业

第四章 新时代大力弘扬老兵精神

道德，养心修身、德艺双馨，注重以严谨的职业操守树立良好社会形象。反对错误思想观念，抵制违法失德行为，努力成为新时代兵团先进文化的践行者、良好社会风尚的引领者，以创作精品为主要目标，充分发挥文艺作品春风化雨、润物无声的作用，传递真善美、贬斥假恶丑。要深入十四师昆玉市维稳戍边伟大实践、扎根职工群众，服务兵团服务十四师昆玉市，服务职工群众，不断推出讴歌党、讴歌祖国、讴歌人民、讴歌英雄、弘扬老兵精神的精品力作；坚持兵团文化文艺特质，弘扬老兵精神，讲好沙海老兵故事，传播好中华文化，不断增强职工群众对沙海老兵文化的认同感。

对于文化精品的创作生产，一是要实施"政府牵头、文联运作、协会实施、齐抓共管"的方法，共同繁荣十四师昆玉市文艺市场。二是要加大对文艺创作的支持力度，制定更加有效的政策，采取更有力的扶持措施。为了推动兵团文艺出精品力作，兵团党委已经出台了《关于印发〈兵团关于实施文艺精品工程的意见〉〈兵团文艺精品工程项目扶持资助办法（试行）〉的通知》（新兵办发〔2015〕59号），实施文艺精品工程扶持方案，对文化精品进行扶持。兵团文联还相继实施了以培养一批优秀创作人才和抓出一批优秀文艺作品，为兵团文艺创作上新台阶、出新成果为突破口的"双优计划"。同时，兵团还实施了政府购买文化服务，其中公共文化类包括政府组织的公益性文艺演出、政府组织的公益性艺术品创作与传播、政府组织的文化交流合作与推广。十四师昆玉市要贯彻落实好文件精神，采取一系列激励奖励措施，激发更多的文艺创作者投入沙海老兵题材创作。

四、加大对老兵精神的研究力度

老兵精神是十四师昆玉市宝贵的精神财富，十四师昆玉市担负着传承弘扬老兵精神的历史使命。建议在十四师昆玉市委党校成立沙海老兵干部学院，加大对老兵精神的宣传、研究力度。沙海老兵干部学院要把传承弘扬老兵精神作为学院的办学使命和担当，致力于老兵精神的研究，加大对老兵精神的宣传、培训教育力度，让老兵精神成为兵团党员领导干部的自觉追求和自觉行动，要把沙海老兵干部学院建设成为老兵精神理论研究的高地、老兵精神育人的实践阵地，服务于兵团高质量发展的思想园地和服务于党的建设的特色智库。把老兵干部学院办成立足南疆，面向新疆，辐射全国的党性教育和党史教育基地，让老兵精神走出兵团走出新疆，走向全国。

附录：
老兵精神形成和发展大事记

附录： 老兵精神形成和发展大事记

1949年

8月　十五团参加兰州战役，在烟洞山俘敌500余人。

9月25日、26日　新疆国民党军政人员先后宣布起义，新疆和平解放。根据中共中央迅速进军新疆的指示，第一野战军前委命令第一兵团司令员王震率集结于甘肃酒泉等地的第二军和第六军，于9月29日开始分批挺进新疆。

10月12日　十五团奉命从吐鲁番出发，步行向南疆重镇阿克苏进军。

11月28日　十五团徒步行军46天，一路平息各类暴乱事件，到达阿克苏。

11月30日　二军军长郭鹏、政委王恩茂到阿克苏十五团驻地看望全体官兵。

12月1日　二军军长郭鹏、政委王恩茂命令十五团准备向和田进军。

12月2日　阿克苏各族人民为十五团横穿塔克拉玛干沙漠支援十几万斤大米、白面和马料，100多顶帐篷，300多峰骆驼，200多匹驴和马。

12月4日　二军五师师长徐国贤、政委李佳到阿克苏检查十五团行军前的准备工作，并作动员讲话。

12月5日　中国人民解放军第一兵团二军五师十五团从阿克苏出发，沿和田河徒步横穿塔克拉玛干沙漠，十五团大部队在团政委黄诚、副团长贡子云、副参谋长白纯史的率领下，经过18天的艰苦跋涉，行程790公里，胜利到达和田。12月22日，部队进驻和田，4万多各族人民倾城而出，载歌载舞，热情欢迎人民解放军。

12月6日　十五团团长蒋玉和、政治处主任刘月率领约80人先遣队从阿克苏出发，经过7天的乘车行军，于12月12日到达和田。而一些坚持反动立场的民族分裂主义势力秘密准备几千根大头棒，串通反动上层阴谋暴乱，妄图成立分裂主义政权，阻止和田解放。他们表面上欢迎解放军，暗地里了解情况，组织反动武装自卫队，企图趁解放军先遣队立足未稳发动叛乱。先遣队同他们进行针锋相对的斗争，同时催促大部队快速到达，大部队接到先遣队的紧急报告后，日夜兼程，及时赶到，粉碎了敌人的阴谋，稳定了和田局势。

12月19日　人民解放军五师师长徐国贤、政委李铨、副师长何家产致电新疆省第七区（和田）督察专员公署："解放军奉令进入和田区，承蒙热烈欢迎并准备食物接济，减少部队行途之困难，我们向你们及和田全区人民致以谢意。"（为迎接人民解放军进军和田，在沿阿克苏至和田的小道上，和田维吾尔族群众545人准备了面粉625斤、玉米10649斤、苜蓿1218斤、麦草1842斤、湖草400斤、鞋袜各438双、马100匹、骆驼13峰、驴663头。）

附录： 老兵精神形成和发展大事记

12月25日 十五团收到中国人民解放军第一野战军司令员彭德怀、政委习仲勋的嘉勉电："你们进驻和田，冒天寒地冻，漠原荒野，风餐露宿，创造了史无前例之进军纪录，特向我艰苦奋斗，胜利进军的光荣战士致敬！"

12月26日 和田各族人民群众2万余人举行庆祝大会，热烈欢迎中国人民解放军解放和田。在大会上，十五团团长蒋玉和、政委黄诚讲了话。

12月27日 十五团派出团警卫连进驻皮山县，接管喀喇昆仑山口边卡防务。

12月28日 中国人民解放军二军五师十五团团长蒋玉和率干部战士14人到洛浦，在万人大会上宣讲党的政策。

1950年

1月7日 遵照喀什军管会的命令，人民解放军十五团对和田实行军事接管，开始对和田旧政权的改造和人民政权的建设工作。

1月下旬 十五团遵照中国人民解放军新疆军区发布的新产字1号令，成立生产委员会。一营驻于田县，并派一个排驻民丰县，二营驻洛浦县、三营驻墨玉县、警卫连驻皮山县，团机关、团直单位、特务连、炮兵连驻和田市，开展大生产运动。

2月中旬 五军十三师三十九团（编入中国人民解放军的三区民

127

族军）穿越塔克拉玛干沙漠进驻和田，奉西北军区、新疆军区命令与十五团组成中国人民解放军和田卫戍司令部，十五团团长蒋玉和任司令员，三十九团团长买买托夫任副司令员。

3月15日　中国共产党十五团委员会批准人民解放军三十九团马木提·尼牙孜、吾买尔江·肉孜加入中国共产党。这两人随十五团大部队横越塔克拉玛干大沙漠到达和田，担任十五团翻译。这是党组织在和田吸收的第一批共产党员。

4月　一营400多人和二军独立骑兵师组成筑路工程队，修筑从于田县到藏北高原269公里的简易公路。

同月　十五团接到修筑进藏公路的命令。十五团集中一营400多人上昆仑山修路。路线是从于田普鲁沿克里雅河，翻越昆仑山的克兰木达板，通往藏北的改则。由十五团参谋长白纯史、十五团一营营长王金山、教导员罗学荣、副营长高忠、参谋长李芳华组成筑路指挥部。

9月上旬　驻军十五团一营在于阗县普鲁河上修建一座长55米、宽4米、高8米通往普鲁煤矿的木桥。极大方便当地各族群众的生活。

12月22日　驻地解放军建成于阗解放渠，全长9千米。

是年　为了使和田人民在政治上彻底翻身，改变贫困落后的面貌，根据上级党委指示，部队进驻和田后抽调30名骨干派往各县担

附录： 老兵精神形成和发展大事记

任军代表、县委书记、副县长、公安局局长、税务局局长等职务。建立了军事管制委员会和各级人民政府，实行军事管制，接管城乡。发动群众剿匪反特，维持社会秩序，恢复生产，巩固人民政权。发展党、团员，在农村建立了各级农会、基层政权和党支部。培养和提拔了一大批少数民族干部，同时改造了国民党原和田地区党政军起义人员。

是年 十五团为了稳定物价，成立了团生产办公室。政委黄诚亲自抓生产工作，将全团指战员的津贴费作为投资，在各县办起了供销合作社，供应生产资料、日用百货，收购土特产品。随后办起了牧场、金矿、煤矿、纸厂、毛厂、油坊、轧花厂等小型厂矿企业，还接受了国民党毛厂、纸厂各1个，产品远销到阿克苏。毛厂在各县都有收购点，主要收购羊毛、皮革、棉花。羊毛远销苏联，棉花销往上海。当时和田地区唯一的杜瓦煤矿就是十五团兴建的。金矿是十五团抽调炮兵连指战员开采的。油坊以榨油为主，并制作莫合烟、酱、醋等产品。

是年 十五团开垦出2.3万亩土地，播种2.2万亩。为了解决开垦土地的灌溉问题，十五团党委决定开挖野猪窝（今和田色格孜库勒乡）引水大渠。抽调三营全部、二营五连、机枪连、炮兵连共700多人，在戈壁沙滩上风餐露宿，苦战2个月，挖成了长27公里的引水大渠。

1951年

7月　根据和田地委决定，十五团抽调政治处主任刘月等排以上干部80多人参加和田地区减租反霸、土地改革工作队，刘月任队长。工作队进行了两个月培训，学习了党的民族政策，在农村开展剿匪反霸和减租减息运动以及《中华人民共和国土地改革法》等文件，学习了民族语言文字。通过在加宋（今昆仑公园）等地试点后，工作队分到全区各县工作。这些同志后来大多数成为和田地区各县骨干力量。

11月　新藏公路（于田—改则）竣工。在修路过程中十五团有100多人负伤，十几人献出了宝贵生命。

1952年

2月　十五团二营四连战士高二小出席西北军区首届劳动模范代表大会。

10月　十五团生产股试种的2.8亩棉花收籽棉520公斤，平均亩产186公斤，最高亩产240公斤，创和田地区棉花单产最高纪录。

是年　西南军区给十五团参加修筑进藏公路的全体指战员每人颁发一枚解放西藏纪念章。

附录： 老兵精神形成和发展大事记

是年 十五团开垦土地4.5万亩。

1953年

3月 二军五师十五团奉命整编为新疆军区农业建设第一师第三团。团长郑昌茂、政委张栋柱。三团年龄30岁以下青年战士编入国防军，其余人员编为一个营，称三团三营，营长杜秀泉、教导员梁焕清。原十五团团部改为三团团部，并从和田迁往墨玉县九区（今柯其乡）。

是年 部队将在于田、洛浦、和田开垦的3.4万亩土地无偿交给地方人民政府。

1954年

8月 三团团部由墨玉县迁往阿克苏沙井子，留下3个农业生产连、加工厂和养猪队，组成三团墨玉指挥部。

12月27日 深夜3时墨玉县五区依禅教海力派头目阿不都依米提组织反革命暴动，成立"斯拉木联盟"。12月31日深夜12时，阿不都衣米提、帕提丁、买合苏木裹胁百余人，偷袭驻和田县阿曲劳改队砖窑中队，杀害干部和战士9人，抢夺枪支8支。深夜4时半，公安大队增援砖窑中队，并在四区尼牙孜伯克阿吉家捕获暴乱分子

18人，并缴获写有"和田斯拉木联盟主席阿不都依米提"的布告、旗帜、油印机及木棒。在四区吐尔逊毛拉家捕获暴乱分子14人，缴获"斯拉木政府"委员会会议记录、木棒和制旗的黄绸。1955年1月1日，在街上抓获一批手拿木棒、身染血迹的暴动分子。1月3日，平息了暴乱事件。1月8日，共捕获暴乱分子141人，后释放44人。暴乱首要分子阿不都依米提在逃。这是中华人民共和国成立后和田发生的第一次暴乱。

是年　王震将军得知三团搬迁的情况，迅速回电指示："十五团驻和田万不能调"。随后三团停止搬迁，剩余人员全部留在和田驻地。

1955年

4月　农一师三团三营集体转业，改编为农一师前进总场墨玉分场，场长王德和。

4月12日　场部遭受沙尘暴袭击，田间表层5厘米厚土壤被刮走，全场棉花等农作物损失惨重。

1956年

1月　墨玉分场移交给和田地区领导，命名为新疆维吾尔自治区和田地区国营昆仑农场。

附录：老兵精神形成和发展大事记

3月　三团子弟学校更名为昆仑农场子弟学校。

3月9日夜　巴海大毛拉、加帕尔等29名暴乱分子在墨玉县再次暴乱，在他们的煽动下有200多人手持土枪、斧头、棍棒、刀子，从五区出发攻打九区驻军和昆仑农场。农场组织力量与地方干部群众联手处置，当场捕获巴海大毛拉等12名骨干分子，暴乱迅速平息。

5月3日　昆仑农场遭受沙尘暴袭击，3536亩棉花中的2103亩受灾。

10月　参加修筑新藏公路的筑路英雄郭正赴北京参加全国筑路英模大会，受到毛泽东、周恩来等党和国家领导人的接见。

1957年

9月　昆仑农场与墨玉县国营牧场合并，改名和田地区国营昆仑农牧场。

是年　上缴利润9.3万元。在自治区地方国营农场会议上，昆仑农牧场得到王恩茂等自治区领导的表扬，被称为全疆地方国营农场中的"红顶子"。

1958年

7月　四连40亩西瓜平均亩产10312.5公斤，创和田地区历史最高水平。

10月　三连花生平均亩产160公斤，创和田地区历史最高水平。

是年　四连女职工、场先进生产者张秀英（1952年参军来团的山东籍女兵）出席全国青年积极分子表彰大会。

1959年

4月5日　湖北省麻城县225名支边青年来场工作。

9月25日　二连农工邹友荣在拾花劳动竞赛中日拾棉花285公斤，创当年日拾花最高纪录。

是年　一连向席丰、丁幼彬种植的棉花平均亩产籽棉90公斤，是当年棉花单产最高纪录。

是年　场获国家农垦部"全国百斤皮棉县（场）"荣誉称号。

1960年

9月3日　安徽六安县250名支边青年来场工作。

9月24日　江苏支边青年4人来场工作。

是年　全场职工利用冬闲，奋战40天修建总长15.16公里的昆仑干渠。

是年　场被评为自治区"红旗农场"，自治区人民政府、中共和

附录： 老兵精神形成和发展大事记

田地委、墨玉县人民政府各颁奖状一张。

1962年

1月6日　召开中共昆仑农牧场第二次党员代表大会，出席会议代表82人，王二春作《关于党委工作的报告》，彭汝为作《关于政治工作的报告》。会议选举产生11人组成的第二届党委会，选举王二春为书记、罗文观为副书记。

1963年

6月8日　场归属新疆军区生产建设兵团领导，编为新疆军区生产建设兵团农业建设第一师第四管理处昆仑农场。

是年　场职工郭正、翁良和、杜水季、王泽合参加农一师万人英模表彰大会。

1964年

3月20日　场成立值班连，下辖3个排9个班共70名战士。

5月　七级大风沙袭击团场4次，农业生产损失严重，棉花先后3次补播。

1965年

3月　福州军区转业军人11人来场工作。

6月2日　自治区党委书记王恩茂、自治区主席赛福鼎，兵团政委张仲翰、副司令员丁盛，和田地委书记、行署专员等领导来场检查指导工作。

1966年

1月7日　新疆军区生产建设兵团农业建设第三师成立，昆仑农场归属农三师领导。

5月2日　任命王二春为昆仑农场场长，田均安为昆仑农场政委。

1969年

5月　一场特大风灾袭击团场，刮倒了树木、玉米，掩埋了花生、棉花，沙厚40厘米，持续时间3天3夜，农业损失惨重。

7月7日　兵团党委作出授予农场新番号的决定，昆仑农场改称

附录： 老兵精神形成和发展大事记

新疆军区生产建设兵团农三师四十七团。

10月5日　团决定组建两个战备值班连队，即机炮连、特务连，共191人。组建任务于11月15日完成。

是年　九连放牧工人沙依提纲受到毛泽东主席的接见。

1970年

6月12日　中共四十七团临时党委成立。

6月20日　团在东方红矿区召开杜瓦煤矿正式投产庆祝大会。

9月19日　根据农三师司令部命令，团组建步兵连，连队官兵共53人。

1971年

11月1日　兵团任命王二春为团长、牛志清为政委。

1975年

5月　兵团体制被撤销，四十七团归属和田地区农垦局领导。

是年　和田地区农垦局将团值班连改为团基干民兵营。

1976年

是年　根据和田地区指示，团决定在八连成立"五七"大学，并于5月7日开学，设农学、农机两个专业，学制半年，共招生45人。

1977年

3月22日　团撤销司令部、政治部编制，改设三科一室（计财科、生产科、供应科、办公室）。

同日　和田农垦局将原于田县新园农场、洛浦县林场划归四十七团管理，成立和田地区昆仑农场，一站二站分别改称为一、二分场，新园农场、洛浦林场分别改称为三、四分场。

1978年

5月21日　团成立以揭批"四人帮"为中心的打击阶级敌人破坏活动，打击资本主义势力猖狂进攻的"一批双打"领导小组，组长孙风藻。

10月7日　中共和田地委发出（1978）37号文件，决定将四十七团场、地区林场合并，组建昆仑农场。

附录： 老兵精神形成和发展大事记

1980年

是年　昆仑农场总场建制撤销，成立和田地区四十七团，三、四分场（即新园农场、洛浦林场）分离出去。

1982年

4月17日　新疆维吾尔自治区党委书记王恩茂和自治区副主席阿不冬·尼牙孜到团视察工作。

是年　团供应科科长艾白被评为自治区民族团结先进个人，并出席了自治区民族团结表彰大会。

是年　五连打出淡水井，结束饮用河水的历史。

是年　团生产布局调整，压缩粮食、花生播种面积，扩大棉花和其他经济作物播种面积，经济效益有了明显好转。

1983年

1月　和田地区农垦局归属兵团建制，四十七团复归兵团领导，称新疆生产建设兵团和田农场管理局四十七团。

6月10日　团制定《民族团结守则》并颁布实施。

是年　团架通一、二站地区输电线路，结束油灯照明历史。

1984年

3月21日　中共和田地委党史资料征集小组召开地直单位原十五团老战士座谈会。

是年　团首次实现财务收支平衡，摘掉了连续多年亏损的帽子。

1985年

8月　和田地委召开和田地区原十五团老战士座谈会。

1986年

5月18日　一场罕见的狂风沙尘暴袭击团场，棉花4076亩绝产，其他农作物不同程度受到损失，输电线路被毁，通讯中断，房屋倒塌、树木连根拔起，直接损失1500万元。

是年　畜牧连卡巴克、九连阿不都拉荣获兵团、局、团场"庭院经济先进户院"光荣称号。

1988年

7月　畜牧连职工卡巴克被中国农林工会授予"庭院经济大有

附录： 老兵精神形成和发展大事记

可为，庭院经济致富先进个人"，被兵团工会授予"庭院经济致富先进个人"光荣称号。有关报刊刊登了卡巴克的致富事迹。

10月 团工会帮助职工致富引种小茴香获得成功，平均单产55.5公斤。

1989年

9月28日 庆祝二军五师十五团进军和田40周年暨老战士之家落成典礼在团部举行。

是年 团技术人员高正兴试种的1.3亩甘蔗获得成功，平均亩产6000公斤。

1990年

5月1日 团民兵应急连参加和田地区军警民五一阅兵式。

7月 农林站一队职工张金连丰产攻关田小麦平均亩产300多公斤，创历史最高水平。

1991年

3月15日 修建四十七团干休所，1992年5月竣工，9月搬迁。

是年　团年末总人口3965人，其中维吾尔族占41.3%，职工1511人，总面积70.8平方公里，耕地面积913公顷。下辖21个农牧连队和企事业单位。社会总产值1240万元（现价，下同）；工农业总产值965万元，其中工业产值147万元，农业产值818万元，粮食总产值1157吨，棉花总产363吨。拥有林地面积206公顷；园地面积426公顷，其中无核白葡萄206公顷。年产各类水果2220吨，其中葡萄干132吨。年末牲畜存栏8000头（只），家禽4.9万只，产肉101吨。年职均收入1950元，人均收入733元。

1992年

5月18日　为纪念毛泽东发表民兵工作组织落实、政治落实、军事落实"三落实"论述30周年，四十七团民兵应急连进行防爆演练训练，90人参加了训练，为期22天。

6月15日　团民兵应急连参加和田地区军警民阅兵式和防爆演练。

1995年

7月10日　因7月7日和田发生打砸抢骚乱事件，团民兵应急营奉命到和田市、洛浦县、墨玉县的主要街道进行武装拉练。

附录： 老兵精神形成和发展大事记

1996年

12月2日　局任命王亚平为团政委、艾白为副团长，原政委杭振华病退。

1997年

7月7日　中央电视台、新华社记者一行四人到团采访军垦老战士。

10月13日　兵团电视台《西上天山的女人》剧组到团拍摄素材。

1998年

4月13日　新疆维吾尔自治区主席阿不来提·阿不都热西提到团看望老战士。

同日　10级狂风沙暴袭击团部和二站地区，棉花受灾面积2060亩，持续2天。

5月11日　12级狂风沙暴袭击团场，持续12小时，经济损失达500万元。

6月30日　兵团党委组织部部长华士飞到团看望老战士。

10月1日　由兵团投资的四十七团团部改水工程竣工，结束了团部地区饮用盐碱水的历史。

1999年

5月　团从局筹借140万元，用于发放多年欠发的离退休工资，使欠发工资全部补齐。

7月19日　兵团司令员张文岳到团看望老战士。

8月12日　兵团为四十七团老战士办的实事之一——老战士新居工程动工，9月30日竣工。

9月29日　团被国务院授予全国民族团结进步模范单位。

11月1日　自治区组织部部长周原、和田地区行署专员居来提·买买提明一行3人到团看望老战士。

11月22日　局在团召开中国人民解放军二军五师十五团老战士座谈会。

12月3日　局纪念十五团进军和田50周年宣讲团到团宣讲，马金忠、吴建国等人代表老战士作报告。

12月11日　为庆祝十五团进军和田50周年，局在团举办第四届职工男子篮球赛，为期3天。

12月28日　局庆祝十五团进军和田50周年纪念大会在团部举

行，兵团党委副秘书长陈生初、和田地委书记兼局第一书记、和田军分区政委李孟荣等领导参加会议并发表重要讲话。

是年　兵团党委组织四十七团老战士到乌鲁木齐市、石河子市等地参观。在石河子市中心广场王震将军铜像前，老战士们自发列队敬礼，向司令员报告："我们胜利完成了你交给我们的屯垦戍边任务。"并集体唱起了军歌《走，跟着毛泽东走》。

2000年

1月4日　在墨玉县喀尔乡几都库都克村附近发生民族分裂分子抢夺公安人员枪支、胁迫人质事件。团民兵和干部职工配合公安、武警部队，经过4天的战斗，于8日平息了暴乱，受到自治区、兵团、和田地委领导的嘉奖。

5月24日　团遭受和田地区50年不遇的冰雹袭击。冰雹走向由北向南，持续10—20分钟，雹粒直径1.8—2厘米，冰雹后又降雨30分钟。此次灾害造成粮食受灾1081亩、绝产1178亩，其中六连、七连遭受毁灭性的雹灾。全团有5只羊被打死，140户职工住房遭受到不同程度损坏，造成直接经济损失540万元、间接经济损失1200万元。

6月7日　原三五九旅七一九团副参谋、农一师第一任师长任晨一行4人到团看望老部下、老战友，并参观了团陈列室。

6月23日　和管局民兵应急营成立大会在团召开。新疆军区司令部调研员闵友峰大校宣读兰州军区命令，兵团军事部副部长张有刚、和田地委政法委书记刘新胜、和田军分区等领导到会祝贺，局主要领导参加会议。

9月25日　由兵团机关集资43万元，用于团二站地区改水的"爱心工程"胜利竣工。二站地区广大职工群众结束了饮用盐碱水的历史，用上了卫生达标的自来水。

同日　由兵团投资兴建的从团部到六连的排碱渠挖掘工程竣工。该工程投资30万元，总长10公里。工程竣工后解决了团部和六连地区地下水位高、盐碱大的问题。

10月23日　覆盖全团的调频广播正式开通，结束了团场职工听不到中央、自治区和团场新闻的历史。

是年　年末总人口4038人，其中少数民族1904人，占总人口47.2%。全年实现国内生产总值1186万元。其中第一产业增加值485万元，占国内生产总值40.89%；第二产业增加值193万元，占16.27%；第三产业508万元，占42.84%。全年财务亏损283万元，比上年减亏210万元。农作物总播种面积1500公顷，比上年增长9.49%。年末牲畜存栏1.25万头（只），比上年增长1.63%。全年完成工业增加值45万元，建筑业增加值148万元，交通运输业增加值30万元，批发零售餐饮业增加值62万元，占国内生产总值的比重分别为3.79%、12.48%、2.53%和5.23%。职均年收入2909元，比上年

附录： 老兵精神形成和发展大事记

增加14.3%；人均年收入1063元，增长10.5%。

2001年

1月16日　和田地委副书记刘新胜率民政部门人员到团看望老战士及特困职工。

2月　和管局改局建师，团名称改为"新疆生产建设兵团农十四师四十七团"。

5月3日　兵团军事部副部长阎和平一行两人在师武装部、师领导陪同下到团检查指导工作，看望老战士，检查了以劳养武工作，视察了生态林建设和农业生产。

10月15日　兵团政委陈德敏、司令员张庆黎等率兵团财务局、计划委、水利局、交通局等11个部门28人到团现场办公，为团解决了七个问题，其中由兵团投资给团干休所老战士新建一个活动室。

是年　四十七团"中国人民解放军进军和田纪念碑""解放和田纪念馆"被自治区命名为青少年爱国主义教育基地。

2002年

12月4日　四十七团"中国人民解放军进军和田纪念碑"被和田地委命名为首批"地区级爱国主义教育基地"。

是年　自治区党委宣传部命名四十七团"中国人民解放军进军和田纪念碑""解放和田纪念馆"为爱国主义教育基地。

2003年

8月31日—9月1日　四十七团遭受阴雨、浮尘、大风等灾害性天气危害，经济损失约65万元。

2004年

6月26日　兵团副政委华士飞在师长何玮，副政委陈强的陪同下到四十七团调研并看望老战士张远发、谢芝兰、董银娃、王兴华。

11月17日　兵团副政委王崇久带领兵团党委政研室副主任郑伟才、团委副书记姜晓龙、办公厅督察处长高俊、纪检委审理室主任杜高旺、组织部二处长侯建良、文明办副主任李晓军到四十七团调研，并看望老同志王毛孩、董银娃、王有义。

2005年

2月23日　自治区党委副书记、纪检委书记胡家燕在和田地委书记朱海仑、专员艾尔肯·吐尼牙孜、墨玉县有关领导和十四师主

附录： 老兵精神形成和发展大事记

要领导的陪同下到团看望老战士，在干休所活动室进行了座谈，为每位老战士赠送一套黄军装，并与老战士合影。

4月10日　原十五团团长黄诚的外甥女裴虹夫妇到团故地重游。

7月25日　兵团党委书记、政委聂卫国，兵团党委、兵团秘书长于秀栋、兵团政法委常务副书记李进广、兵团发改委副主任张继云一行9人在十四师主要领导的陪同下到团调研，并看望张远发、刘来宝两位老战士。

8月9日　民丰县委书记靳平等带领民丰县各乡镇党委书记、乡长、镇长一行27人，到四十七团观摩农业生产情况，并参观四十七团临时纪念馆、中国人民解放军进军和田纪念碑。

8月26日　中央第八巡回检查组杨崇汇等一行8人，在自治区、兵团、和田地区相关领导和十四师主要领导陪同下到四十七团走访李炳清、王兴华2位老战士，并参观纪念馆和纪念碑。

10月10日　兵团司令员华士飞带领兵团有关部门领导到四十七团调研。分别查看一连、二连红枣，六连棉花，四连、七连开荒地，收复弃耕地情况。并看望慰问王传德、张远发2位老战士。

2006年

8月1日　兵团党委常委、副政委雪克来提·扎克尔到四十七团调研红枣种植，土地开发等项目，并看望慰问四十七团老战士。

8月11日　兵团军事部政委刘平俊到四十七团调研，看望慰问四十七团武装部8名专武干部和横穿塔克拉玛干沙漠的3位老战士代表。

10月27日　农十四师纪念红军长征胜利70周年座谈会在四十七团召开。师政委何玮、副政委赵春香、武装部部长彭国生出席会议。师领导与老战士一同回顾了当年长征的情景。政委何玮要求农十四师全体干部职工要认真学习贯彻落实党的十六届六中全会精神，弘扬长征精神，为构建平安、和谐的农十四师作出更大努力。

11月25日　新疆军区副司令员张世铭率兵团军事部、军区干部，到四十七团视察武器库，并看望慰问四十七团老战士，参观纪念碑。

2007年

1月10日　兵团工会主席蒋建勋到团慰问兵团劳动模范先进个人及老战士和困难职工代表。

2月14日　和田地委书记程振山、行署专员艾尔肯·吐尼牙孜，和田军区司令员万宗林以及墨玉县县长等领导到团看望慰问老战士。

5月5日　新华社兵团分社社长李香苓一行8人，到团考察调研。师相关部门领导及团政委陪同，先后参观纪念馆、纪念碑，看望老战士，并在二楼召开座谈会。

5月20日　外交部社调团团长张宪一行53人，到团参观团纪念馆、纪念碑，与老战士合影留念，并捐助电视机、VCD等共价值1

附录： 老兵精神形成和发展大事记

万元的物品。

6月14日 "2006感动兵团年度人物"评选活动颁奖典礼在乌鲁木齐市和平都会举办，四十七团老战士入选。活动点评词为：从井冈山到南泥湾，从硝烟弥漫的战场到塔克拉玛干沙漠南缘的和田，他们用双脚丈量的是不朽的革命历程，是兵团精神！他们像大漠胡杨一样，把根深深扎在绿洲。老兵，始终是忠诚的战士，是共和国最伟大的公民！

7月26日 和田军分区司令员万宗林、政委李云高到团二连、团部看望老战士，并参加兵地共建八一座谈会。

7月29日 和田地委主要领导到团参观团纪念馆，并对团5名老战士进行慰问。

8月18日 老战士李炳清代表兵团10万老军垦战士在石河子受到国务院总理温家宝的亲切接见，李炳清老人还做了10分钟左右的汇报。

9月23日 中秋节来临之际，北京市援助和田指挥部干部到团看望穿越沙漠、解放和田老战士。老战士杨世福、王传德做了革命传统报告。

2008年

4月3日 二二四团中学组织80余名青年教师到四十七团接受

革命传统教育。清明节期间,和田党政机关、社会团体到四十七团接受革命传统教育人数剧增。

5月29日—6月6日　兵团妇联、兵团日报社、生活晚报等几家单位联合举办"戈壁母亲"评选活动,四十七团退休党员张秀英入选并参加颁奖典礼。

10月12日　中央电视台《犁出新时代》摄制组一行4人,在兵团党委宣传部及师宣传部人员的陪同下,到四十七团采访解放和田的老战士,主要向老战士了解三五九旅进军和田的经过和老战士的亲身经历等典型事迹。

10月18日　新华社兵团分社副社长刘宏鹏及3名记者到团采访老战士,并了解团经济发展、体制改革、基层民主建设、维稳环境等情况。

2009年

1月19日　和田地委主要领导、和田军分区主要领导一行10人,到团看望慰问老战士,向老战士送上慰问金,并与老战士合影留念。

2月20日　新疆军分区政治部副主任李卫平、中央电视台驻新疆军区记者站站长吕永泰一行,到团看望慰问老战士代表,并发放慰问金,新疆军区记者还采访了老军垦战士当年徒步穿越沙漠、胜

附录： 老兵精神形成和发展大事记

利解放和田，支援西藏公路建设等方面的英雄故事。

3月19日　中国联通公司新疆分公司总经理一行15人到团参观考察，结合正在开展的第二批深入学习实践科学发展观活动，接受革命传统教育，并与老战士进行座谈，发放了慰问品。

3月30日　新疆军区政治部主任、中国作家协会会员李卫平以四十七团1949年进疆的老战士事迹为题材创作的报告文学《壮哉，沙海老兵村》在《解放军报》发表。为了让老战士们看到、听到他们自己的故事，李卫平委托十四师武装部副部长孔祥珺为老战士们送报，并为老战士们朗读了这篇作品。

4月7日　中央电视台驻新疆军区记者站记者一行就拍摄专题片《红旗映天山》，到团采访解放和田的老战士。

5月22日　中央深入学习实践科学发展观活动巡回检查组组长马铁山（广西壮族自治区政协主席），副组长杨玉学（贵州省政协副主席）等一行7人，在兵团党委常委，组织部部长、兵团学习实践活动小组办公室副组长刘向松，和田地区领导及十四师领导的陪同下到四十七团，对学习实践科学发展观活动进行检查指导。检查组一行参观屯垦戍边纪念馆和纪念碑，看望慰问老战士代表李炳清、杨世福，并合影留念。

7月2日　兵团军事部部长王伟携夫人一行到团接受革命传统教育，并看望慰问14名老战士。

7月17日　新疆第一所"民族团结红军小学"落户四十七团红

色革命教育基地。全国红军小学建设办公室主任方强，开国上将贺炳炎之子贺雷生，全国红军小学建设工程常务理事长陈锐军等领导参加项目启动仪式。红军小学建设办公室向四十七团赠送由246名老将军签名的中国工农红军军旗，并为"民族团结红军小学"的小朋友赠送书包、电子琴、羽毛球拍等学习、活动用品。同时命名四十七团为"全国红军小学建设工程爱国主义教育基地"。

7月31日　和田地委、和田军分区主要领导，十四师、墨玉县主一行到团慰问老战士，和田地委、和田军分区、十四师党委与墨玉县委向老战士全体送上26000元慰问金。

9月24日　十四师党委主要领导到四十七团慰问新中国成立前老战士、老八路遗孀，劳动模范和民族团结先进个人，分别为他们送上1000元慰问金，并与老战士合影留念。

11月7日　国家人力资源社会保障部副部长胡晓义一行9人到团慰问老战士，参观屯垦戍边纪念馆、瞻仰中国人民解放军进军和田纪念碑，并与老战士合影留念。

11月18日　中央学习实践活动巡视组组长傅克诚一行，在自治区、兵团、和田地委及十四师领导陪同下，到团检查指导工作，并看望慰问老战士代表，参观爱国主义教育基地。

12月22日　十四师召开纪念中国人民解放军进军和田60周年座谈会及画册《忠魂》首发式。十四师副政委赵大勇，老干局、文联、组织部门领导与老战士亲切交谈，并给每位老战士赠送《忠魂》画册。

附录：老兵精神形成和发展大事记

2010年

2月3日　驻和田武警某部政委尚力峰、政治部主任王亚东等官兵到团看望慰问老战士，召开座谈会，并给老战士带来米、面、油和保健箱等慰问品。

4月11日　中共中央政治局委员、北京市委书记刘淇率领北京市代表团（约100人）到四十七团考察调研。自治区、兵团党委主要领导陪同考察。考察团在团部先后参观屯垦戍边纪念馆，瞻仰中国人民解放军进军和田纪念碑。在纪念馆，刘淇一行仔细观看展出的照片和陈列的实物，了解该团的历史演变过程，以及老战士们徒步横穿塔克拉玛干沙漠的壮举和艰苦奋斗、无私奉献、扎根大漠，屯垦戍边60载，默默守护边疆的感人事迹。在纪念碑前，刘淇一行看望了8位老战士，为老战士们送上慰问金，并和老战士们合影留念。

4月16日　北京市民政局慈善工作管理办公室处长程立岩一行，在师、团民政部门陪同下到团调研，对四十七团近期需要帮助解决的援建项目进行调研。先后考察六连陵园墓地、团部殡仪馆、敬老院、社区服务中心综合楼等地，看望了老同志及老同志遗孀，并给他们送上了慰问品。

6月6日　兵团政委车俊一行，冒雨到四十七团调研。先后看望慰问了老战士、老战士遗孀及贫困户，为他们送去慰问金和慰问品。参观了屯垦戍边纪念馆，瞻仰了中国人民解放军进军和田纪念碑，并与老战士们在碑前合影留念。

6月11日 全国助老工作指导委员会常务副主任冯秀春一行5人，到团参观考察并看望慰问老战士。此次主要是考察老战士健康休养环境，了解三五九旅演变历史。

6月14日 北京青联医药卫生界考察团一行到团参观考察。考察团先后参观了屯垦戍边纪念馆，瞻仰了中国人民解放军进军和田纪念碑，随后，慰问了8位老战士，与老战士进行座谈，并为老战士发放了慰问金，为老战士们进行了义诊。

6月 在中国共产党成立89周年来临之际，十四师中级人民法院、垦区法院、和田地区广电局等单位的党员干部到四十七团参观屯垦戍边纪念馆，瞻仰中国人民解放军进军和田纪念碑，听老革命作报告。

7月30日 在中国人民解放军建军83周年来临之际，驻和田武警某部部队长刘志敏一行，到团看望慰问徒步横穿塔克拉玛干大沙漠的老战士，送去慰问品和近2万元慰问金，并与他们座谈。

8月21日 中共中央政治局常委、全国政协主席贾庆林，全国政协副主席、中央统战部部长杜青林，以及国家民委、国家宗教事务局和新疆维吾尔自治区、兵团有关负责人，到四十七团考察调研并看望慰问老战士。考察中，贾庆林一行在中国人民解放军进军和

附录：老兵精神形成和发展大事记

田纪念碑前与老战士、师团领导一一握手并合影留念，之后，到北京市对口援建的红枣加工基地考察，详细了解十四师红枣发展情况以及红枣加工基地建设情况，并现场品尝"和田玉枣"。

11月12日　兵团非公有制经济人士"弘扬兵团精神、帮扶老战士"感恩行动仪式在团举行，兵团党委常委、副司令员哈尼巴提·沙布开，兵团统战部部长单玫，十四师党委主要领导等约80余人出席仪式。仪式上，老战士代表杨世福做革命传统教育报告，兵团工商联副主席刘善堂、兵团非公有制经济人士代表罗金锡、兵团副司令员哈尼巴提·沙布开先后讲话。感恩仪式为老战士及老战士遗孀发放慰问金15.4万元，为团干休所捐赠康复健身娱乐器材13件，为老战士捐赠轮椅10辆，助听器9个，拐杖150个。

11月13日　北京科泰兴达公司向团老战士捐赠价值约10万元共27台反渗透净水机。北京市援疆和田指挥部领导、十四师、四十七团相关领导及老战士代表参加了捐赠仪式。

11月19日　中央巡视组组长孙晓群一行在兵团党委常委、组织部部长刘向松，自治区纪委常务副书记孔新及自治区、兵团相关部门领导的陪同下到团调研。孙晓群一行先后视察了四连和北京市援建四十七团的红枣加工基地，详细询问了解团产业结构调整、职工收入和农产品加工销售情况，走访、看望退休老职工方玉娥和致富能手维吾尔族职工艾山·阿不都拉，详细询问职工享受保障性住房、医疗养老保障政策情况和水暖电入户改造等民生工程建设情况，并参观屯垦戍边纪念馆，瞻仰中国人民解放军进军和田纪念碑，与老战士代表合影留念。

2011年

1月15日—17日　北京市妇联党组书记、主席赵津芳一行在自治区、兵团妇联主要领导陪同下到和田地区开展慰问活动。16日上午，赵津芳一行到四十七团参观屯垦戍边纪念馆、中国人民解放军和田纪念馆和北京市援建四十七团红枣加工基地，并看望慰问退伍老战士和先进妇女代表。

2月25日　十四师在团屯垦戍边纪念馆前举行兵团反腐倡廉教育基地揭牌仪式，标志着四十七团屯垦戍边纪念馆有了廉政教育功能。十四师党委相关领导、四十七团党委主要领导、老战士代表、机关全体人员、共青团员及少先队代表参加了揭牌仪式。

3月13日　北京市援建和田第七批援疆干部医疗队，冒着风沙专程到团医院，为70余名老战士及老战士遗孀进行为期一天的全方面体检和医疗健康咨询活动。此次医疗队是由北京市援疆和田、农十四师医疗卫生专家近20人组成。

3月25日　十四师"唱响兵团精神"——四十七团老战士先进事迹报告会到团宣讲。宣讲人图尔荪阿依·巴图尔以《生死不移的忠诚》为主题，生动讲述了老战士徒步横穿塔克拉玛干沙漠，进军

附录：老兵精神形成和发展大事记

解放和田的光辉历史和在亘古荒原上艰苦创业，发展生产，保卫边防，建设政权的艰苦创业历程。全团各级党员干部、一线职工、老战士代表共计150余人聆听报告。

4月22日　由新华社、北京日报、中央人民广播电台、北京晚报、北京电视台、北京青年报、北京人民广播电台、北京晨报、千龙网等媒体组成的首都媒体采访团，在农十四师有关部门陪同下，到团参观北京市援建四十七团的红枣加工基地、屯垦戍边纪念馆、中国人民解放军进军和田纪念碑等，并对李炳清、杨世福两位老战士进行实地采访。

6月3日至8日　自治区党委副书记、兵团党委书记、政委车俊到农十四师四十七团驻连入户，看望职工群众，实地考察改革发展情况，听取基层干部职工的意见和建议，现场解决职工群众生产生活中遇到的困难，并深入浅出地向职工群众讲解中央和兵团的政策措施。

6月24日　为庆祝中国共产党成立90周年，切实加强干部队伍作风建设，引导党员干部和职工群众弘扬兵团精神、十四师精神、四十七团老战士精神，十四师先进典型人物事迹报告会宣讲团到四十七团宣讲。团机关全体党员干部、基层单位全体干部共计80余人聆听宣讲。先进事迹报告团成员有：一牧场小学全国最美乡村教师达芳，徒步穿越死亡之海——塔克拉玛干沙漠、参加胜利解放和田的老战士杨世福。

6月25日　在团机关办公楼前举行欢送老战士走进北京仪式，盛成福、杨世福、董银娃、王传德、李炳清、马鹤亭、张友林、王毓亨、胡焕章等9位老战士应北京市委、市政府邀请到北京参加建党90周年的生日。26日傍晚，应邀参加此次活动的31名老战士及陪同家属抵达北京首都机场。27日起至7月1日，北京市委将组织老战士一行到天安门城楼、军事博物馆、国家博物馆、毛主席纪念堂、奥林匹克公园参观考察，参加北京市庆祝建党90周年系列活动，并向全市党员代表作"兵团精神"专题报告。报告会上，老战士杨世福、新疆兵团党委宣传部副部长王瀚林、农十四师公安局指挥中心民警图尔荪阿依·巴图尔、农十四师一牧场学校校长达芳、北京青年报高级记者杨菊芳5位宣讲团成员结合自身经历和感受，讲述了兵团老战士自力更生、艰苦创业和无私奉献的先进事迹。

6月28日　兵团党委宣传部召开新闻发布会表示，为期两个月的"新中国屯垦戍边100位感动兵团人物"评选活动始见分晓，为解放和田徒步穿越塔克拉玛干沙漠的农十四师四十七团老战士入选。6月30日，兵团党委将邀请100位感动兵团人物和亲属代表召开座谈会，并在兵团庆祝中国共产党成立90周年大会上进行表彰，还将出版100位感动兵团人物先进事迹专辑，宣传和弘扬兵团精神。

7月1日　十四师爱国主义教育基地揭牌仪式在团举行，命名四十七团屯垦戍边纪念馆为师爱国主义教育基地。

7月5日　四十七团召开赴京老战士顺利归来座谈会。团党委班

附录： 老兵精神形成和发展大事记

子成员、机关全体干部共计70余人参加。座谈会上，6位老战士代表和随同人员先后畅谈北京之旅的感受，衷心感谢党中央、北京市委、市政委和各级党委对老战士的关心和照顾。

7月30日　由北京市出资1000万元，建筑面积达3500平方米的四十七团敬老院项目工程开工建设。

9月15—16日　四十七团遭受风沙灾害，造成团场部分单位的枣树果实脱落，受灾面积达9700亩，经济损失达264万元。

10月15日　南疆军区司令员郭景洲一行在和田军分区司令员陈水泉的陪同下，到四十七团看望慰问了当年横穿塔克拉玛干大沙漠胜利解放和田的老战士，向他们赠送了慰问金。2011年11月被国家旅游局正式命名为国家"3A"级红色旅游景区。

2012年

3月17日　团举办"四十七团、二二四团党风廉政教育及老革命传统教育座谈会"，四十七团机关副科级以上干部和二二四团机关全体党员干部共计60余人参加座谈。四十七团老革命代表李炳清、王传德、盛成福讲述革命传统史。

6月4日　四十七团老战士集体给自治区党委副书记、兵团党委书记、政委车俊写信，反映团场面貌发生的变化，表达对党中央、国务院和兵团党委的感恩之情。

6月21日　自治区党委副书记、兵团党委书记、政委车俊给四十七团老战士集体复信,对老战士予以高度评价。他说,老战士、老军垦是兵团事业的功臣,是兵团精神的创作者、实践者,是兵团人的一面旗帜。兵团人将以老战士为榜样,铭记中央的关怀和全国人民的支持,牢记使命,不负重托,继承优良传统,弘扬兵团精神,在落实中央新疆工作座谈会精神、推进跨越式发展和长治久安的实践中再立新功,努力创造无愧于时代、无愧于先辈的新业绩,不辜负老战士的殷切期望。6月25日,团党委书记、政委郭耀峰主持召开传达学习车俊政委给老战士复信精神干部大会。

6月23日　自治区党委副书记、兵团党委书记、政委车俊一行14人到四十七团调研。车俊政委一行考察了团二连中心连队建设、团京昆小区(棚户区改造、敬老院项目建设),看望慰问杨世福、盛成福2位老战士代表,考察了团六连职工胡如付的红枣精品园、四连中心连队和五好党支部建设情况。

7月17日　十四师选派杨世福、王怀德、董银娃、盛成福等5名老战士赴北京参加中央电视台拍摄八一特别节目《我是一个兵》文艺演出活动。

9月3日　国务院总理温家宝专程到团调研指导工作,在二连与十四师各类先进代表和老战士进行座谈。

9月9日　中华社会救助基金会"功臣关爱"专项基金会组织总政歌剧团等北京著名表演艺术家在十四师机关举办《军垦战歌、功臣关爱》公益慰问演出。基金会为四十七团敬老院捐款20万元,并向老战士和老战士遗孀发放慰问金。

12月12日 由团党委代笔,九位老战士:杨世福、王传德、盛成福、汪怀德、董银娃、宋子良、刘来宝、马鹤亭、王有义,共同致信兵团党委书记车俊。12月21日,兵团党委书记、政委车俊给四十七团老战士回信,并预祝首届中国·新疆兵团沙海老兵节圆满成功。

12月22日 由兵团农十四师、新疆和田军分区、北京援和指挥部联合主办的首届中国·新疆兵团沙海老兵节在四十七团隆重举行。四十七团老战士、援建和田省市前线指挥部、军垦二代、师生代表、和田军分区等15支代表队1800人参加了活动。开幕式后,全体人员体验沙漠中徒步,亲身感受当年老兵徒步穿越"死亡之海"的艰辛。

2013年

1月25日 四十七团拉开冬季军事训练活动大幕,当天,团机关全体人员、团直单位及各连队主要领导在团广场进行了列队、方阵等军事训练。

2月4日 和田军分区政治部郑晓红、师人武部政委赵雷到团慰问老战士。同日,墨玉县领导班子也提前为老战士们送来节日问候。

5月16日 兵团八师石河子市的张俊平将自己收藏的300余件

革命历史文物无偿捐献给十四师四十七团屯垦戍边纪念馆，使馆藏军垦文化历史元素得到了极大丰富。

5月21日　四十七团遭遇强沙尘暴袭击，风力达6级以上，局部达8级以上。沙尘暴造成团四连部分房屋受损，林果业受到不同程度影响。

8月4日，全国人大常委会委员、民族委员会主任委员、中央党校常务副校长李景田，全国人大民族委员会副主任委员雪克来提·扎克尔，全国人大常委会委员苏晓云、全国人大民族委员会办公室主任仁青龙智、全国人大民族委员会法案室副主任梁庆、全国人大办公厅秘书局处长商昕昱、国家发改委社会发展司副处长等一行11人到团调研，先后参观屯垦戍边纪念馆，瞻仰纪念碑，与老战士进行座谈，并实地查看中心连队建设和林果业发展情况。

8月27日　中央组织部部务委员兼干部一局局长邓声明一行到团调研，先后参观考察团红枣加工厂、北京援建的住宅小区、中心连队建设，并到敬老院看望慰问老战士。

10月27日　北京市委副书记，市长王安顺一行31人到团参观考察。先后考察由北京援建的四十七团京昆小区项目，看望慰问敬老院老战士，参观中国人民解放军进军和田纪念碑并合影留念。自治区党委副书记、兵团党委书记韩勇，和田地委、十四师党委主要领导陪同。

12月9日　由师文联承办的中国新疆·兵团第二届"沙海老兵

附录： 老兵精神形成和发展大事记

节"系列活动——十四师纪念毛泽东诞辰120周年暨弘扬"老兵精神"诗歌朗诵会在四十七团机关举行，来自十四师的各单位代表70多人参加。

12月12日　原新疆军区副司令员万宗林到团看望慰问老战士，并视察二连中心连队建设等情况。南疆军区政治部主任迪木拉提、和田军分区主要领导陪同。

12月18日　中央电视台《新军垦战歌》摄制组一行5人到团拍摄有关视频资料。

12月20日　北京市第八批援疆干部一行25人到团参观，瞻仰中国人民解放军进军和田纪念碑，参观纪念馆。

12月22日　中国·新疆兵团第二届沙海老兵节在四十七团隆重开幕，四十七团沙海老兵、军垦后代、和田军分区代表向中国人民解放军进军和田纪念碑敬献花篮，深切缅怀革命先烈。开幕式结束后，15支代表队从四十七团六连出发，穿沙漠越碱滩，徒步2.6公里，重温当年老战士冒着严寒在沙漠中行军的艰辛。部分领导参观了刚刚落成的第十四师屯垦戍边—中国人民解放军进军和田革命历史纪念馆。

是月　四十七团9位老战士联名给习近平总书记写了一封信，习近平总书记很快作了批示。12月28日，兵团党委书记、政委车俊来十四师宣读中共中央习近平总书记《给〈新疆建设兵团十四师沙海老兵致中央的信〉的批示》。批示充分肯定老战士们为屯垦戍边、

165

建设边疆作出了重要贡献，强调要以老兵精神激励更多年轻人为祖国边疆的长治久安和繁荣发展作出贡献。

2014年

1月18日—22日　中央电视台七频道军事栏目开展"十年风雨路、一路为兵情"军营大拜年十周年庆典活动录制工作。十四师"沙海老兵"代表——王毓亨、魏庆兰夫妇被邀请到北京参加现场节目录制。

2月11日　国家新闻出版广电总局调研组一行45人到团调研参观，先后瞻仰中国人民解放军进军和田革命历史纪念碑，并参观纪念馆。

2月12日　中央新疆工作协调小组组织和政权建设组赴新疆调研第三组一行25人到团参观调研，参观团中心连队二连，到团部敬老院慰问老战士，并参观团纪念馆、纪念碑。

2月13日　中央调研组兵团二组到团调研团场建设发展情况，参观屯垦戍边纪念馆、中国人民解放军进军和田纪念碑。

2月21日　中国社会科学院中国边疆史地研究中心主任、研究员邢广程一行到团调研并参观纪念碑、纪念馆。兵团党委党校常务副校长、教授赵柳成，兵团党委党校相关部门，十四师党委常委、副政委王想平等领导陪同。

附录： 老兵精神形成和发展大事记

同日，原十五团老战士王有义逝世，享年94岁。

2月23日，十四师北京第八批援疆干部及墨玉县第八批援疆干部到团参观纪念馆并看望老战士。

3月7日　师党委书记、政委赵建东带领师机关副处级领导一行80人到团开展活动。全体人员重温入党誓词，聆听革命传统教育报告，参观第十四师屯垦戍边纪念馆。

4月5日　清明时节，十四师机关干部与团机关干部在二连老战士陵园墓碑前缅怀革命先烈。

4月29日　习近平总书记考察兵团，亲切接见四十七团老兵代表。在五家渠市召开的座谈会上，总书记饱含深情地说："去年12月，十四师四十七团9位老战士给我写了一封信，讲了他们对新疆和兵团的期待，体现了扎根新疆、热爱新疆、屯垦戍边的老兵精神，让我非常感动……党中央将一如既往重视和支持兵团发展壮大、支持兵团发挥好特殊作用！"

6月13日　中央第十一巡回督导组到团调研团场发展情况，并参观屯垦戍边纪念馆、纪念碑。

7月1日　中央新闻采访团一行到团参观二连社区、城镇化建设情况，瞻仰老兵陵园，参观纪念馆、纪念碑、"老兵村"外貌和敬老院，采访老战士代表。下午，在团机关召开"老兵精神代代相传"座谈会。

7月25日　在团屯垦戍边纪念馆前举行"兵团廉政教育基地"

揭牌仪式。兵团纪委常委，驻四十七团"访惠聚"工作组领队黎明强，四十七团主要领导、兵团纪委驻四十七团"访惠聚"成员，四十七团机关全体工作人员和连队主要干部出席此次揭牌仪式。

7月31日　2014届"西部计划"50名大学生志愿者到团参观第十四师屯垦戍边—中国人民解放军进军和田革命历史纪念馆，接受革命传统教育。

8月1日　国家计生委、发改委调研组一行到团参观第十四师屯垦戍边—中国人民解放军进军和田革命历史纪念馆并召开座谈会，团领导陪同。

8月15日　团中央书记处书记贺军科一行到团参观第十四师屯垦戍边—中国人民解放军进军和田革命历史纪念馆，并看望老战士及大学生志愿者。

9月7日　北京援疆干部爱国主义教育基地授牌仪式在团举行。北京援建和田指挥部全体干部及四十七团机关干部参加仪式。全体人员参观了纪念馆，体验了徒步穿越沙漠。考察了团2万亩土地开发项目。

9月10日　北京八一电影制片导演、编导一行到团参观纪念馆并看望采访老战士。

9月12日　中央政治局委员、北京市委书记郭金龙率党政代表团到团调研，实地调研了北京市援建的团部棚户区改造项目，并参观纪念馆，瞻仰纪念碑，接见慰问老战士。中央政治局委员、自治区党委书记张春贤，兵团党委常委宋建业、和田地委、十四师党委主要领导陪同调研。

9月30日　团中学学生集体到纪念馆参观，到敬老院看望老战士并聆听老战士讲故事，接受爱国主义教育。

10月8日　中共中央政治局委员、国务院副总理、中央代表团团长刘延东率中央代表团到十四师慰问考察。中央代表团在四十七团参观了中国人民解放军进军和田革命历史纪念馆。与老战士、援疆干部、军垦第三代和大学生志愿者座谈。还考察了四十七团中学、小学、幼儿园的教学活动，并与师生亲切交谈。

11月3日　中央纪委副书记陈文清一行到团调研，实地考察二连中心连队城镇化建设和幼儿园建设情况，听取连队领导有关连队城镇化建设和连队经济社会发展情况汇报。在中国人民解放军进军和田纪念碑前，陈文清一行亲切看望慰问老战士，并与老战士在纪念碑前合影留念。实地参观屯垦戍边纪念馆，了解当年老战士穿越沙漠，解放和田、屯垦戍边，开发建设，坚守一生的感人事迹。

11月4日　中央军委委员、国务委员兼国防部部长常万全一行到团视察，考察团七连红枣标准园，参观第十四师屯垦戍边—中国人民解放军进军和田革命历史纪念馆（碑），看望沙海老兵并合影留念。

后　记

"扎根边疆、热爱新疆、屯垦戍边"的老兵精神，与井冈山精神、南泥湾精神、延安精神、兵团精神一脉相承，是中华民族宝贵的精神财富，是激励一代又一代兵团各族儿女建设美丽新疆和魅力兵团的巨大动力。《老兵精神研究》《沙海老兵口述史》的出版发行，是对老兵精神的传承和发扬，是新一代沙海新兵的职责使命，也是各族干部群众的共同期盼。要实现新疆社会稳定和长治久安总目标和中华民族伟大复兴的中国梦，迫切需要在新时代学习好、弘扬好、践行好老兵精神。

在本丛书编写过程中，参考了老兵精神研究的诸多理论成果，在此对这些理论成果的作者和老兵精神研究课题组，表示衷心的感谢。

撰写本系列丛书过程中，得到了兵团党委党校（行政学院），第十四师昆玉市党委组织部、宣传部的大力支持，得到了有关领导和专家的精心指导，丛书的出版发行也得到了社会有爱心的企业家新发建设有限公司董事长张开罗的支持帮助，在此表示诚挚的谢意。

由于水平有限，书中难免有不当之处，敬请读者谅解并给予批评指正。

杨方中
2021年8月